I0192579

Lisa Selvidge tem um BA em Língua e Literatura Russa, atribuído pela Universidade de Londres, tendo também estudado Português como língua adicional. Depois de viajar pela Ásia e de ensinar Inglês como língua estrangeira no Japão e na Rússia durante vários anos, tirou um MA em Escrita Criativa (Ficção em Prosa) na Universidade de East Anglia no Reino Unido. Subsequentemente leccionou na Norwich School of Art & Design durante cinco anos e na Universidade de East Anglia, onde se tornou Directora Académica de Escrita Criativa em 2001, no Centro de Educação Contínua.

Em 2004, mudou-se para Portugal onde vive presentemente durante grande parte do ano. Continua a ensinar, via internet, ficção em prosa para a Universidade de East Anglia, Oxford e York, organizando também *workshops* e retiros de escrita no Algarve. É autora dos livros: *The Trials of Tricia Blake* (ficção), *A Divine War* (ficção), *The Last Dance over the Berlin Wall* (ficção) e *Writing Fiction Workbook* (livro técnico). Editou também uma colecção de contos inspirados no Algarve, escritos por dezassete autores, com o título *Summer Times in the Algarve*.

Para mais informação contactar: www.lisaselvidge.com

PARA LÁ DO MAR

Histórias do Algarve

Tradução
Susana Parker

Publicado por **Montanha Books**
Apt. 8, Monchique 8550-909, Algarve, Portugal
Contacto: info@montanhabooks.com

"The Big Doll" (O grande espantalho), foi publicado pela primeira
vez na antologia *Summer Times in the Algarve*, Montanha Books,
2008

Formatação: 11.5 Times New Roman
ISBN: 978-0-9559856-4-5

Imagem de capa e ilustrações por Anja Paulensen
Contacto: anja k paulensen@hotmail.com

Design da capa por Verónica Castagna
Contacto: veroenmallorca@hotmail.com

Para lá do Mar

1. A chegada

Agora que o homem ao seu lado, no lugar junto ao corredor, se tinha calado, Zoe fechou os olhos e tentou adormecer ao som do avião, mas só conseguia ver o miúdo a apontar-lhe a pistola. Tinha-lhe apenas pedido que lesse uma passagem do *Mercador de Veneza*. Depois de dois longos minutos, nos quais viu a sua vida passar-lhe à frente dos olhos, conseguiu finalmente persuadir o Thomas de onze anos a entregar-lhe a arma. Um sinal dos tempos, disseram-lhe mais tarde na sala dos professores. Era Abril de 2007, o seu segundo semestre na Escola Secundária da zona Este de Londres, e não estava a ser fácil. O director tinha-lhe sugerido que tirasse umas férias, por isso tinha até 4 de Maio, pouco mais de duas semanas, longe de armas e de doze horas de trabalho diárias. Seriam duas semanas para relaxar com a sua amiga dos tempos de escola, a Maria, e para pensar na sua vida e na direcção que a mesma estava a tomar.

O sinal para "apertar o cinto de segurança" tilintou enquanto o avião se inclinava no azul do céu em direcção à cidade de Faro, banhada pelo sol. O homem ao seu lado começou a ressonar ruidosamente, as suas narinas expandiam-se cada vez que inspirava. Tinha cabelo escuro, de corte raso, bigode riçado e uma barbicha. Falava alto num sotaque que oscilava entre o Britânico formal e o Americano.

– Mesmo a dormir não se cala – disse Maria entre dentes, ajeitando os óculos no nariz. Os óculos grandes, de armação larga e alta graduação, concediam-lhe um ar de autoridade que os miúdos da biblioteca onde trabalhava pareciam respeitar. Zoe pensou comprar um par, apesar de não ter falta de vista.

Até há cinco minutos atrás o homem tinha falado sem parar desde que tinham deixado Gatwick. Chamava-se Ed e estava a caminho do Algarve, aparentemente para o comprar. Tinha-lhe dito (com sotaque americano) que este era o país certo para investir. Tinha tudo: praias de areia branca, um clima parecido com o da Califórnia, mar de cor turquesa, campos de golfe, paixão por futebol (era adepto do Chelsea e apoiava totalmente o Mourinho), um mercado turístico com poder de compra, um governo moderado (de esquerda com inclinação para a direita ao estilo Blair) marinas, e mais importante, imóveis ainda baratos. Este era o local ideal para investir. Esta era a nova Califórnia da Europa.

– Soa-me bem – disse Zoe, tentando não se deixar decepcionar pelo Algarve antes mesmo de chegar. – Vem cá muitas vezes?

Pelos vistos era a primeira vez que vinha, mas tinha lido as brochuras. Apesar das imagens de campos de golfe e da expansão imobiliária, Zoe sentiu o seu coração aquecer quando a tripulação pediu aos passageiros para voltarem aos seus lugares para a aterragem.

– Olhem, parece que passei pelas brasas – disse Ed, ajeitando-se na cadeira. O banco de Zoe estremeceu todo. – Então miúdas, estamos quase a chegar?

Zoe viu Maria fazer uma careta enquanto se inclinava sobre a amiga para poder olhar pela janela do avião; "miúdas" era o que se chamava a raparigas de onze anos.

Casas brancas com barras azuis delineavam o solo de cor alaranjada, lagos de águas pouco profundas e pântanos estendiam-se até ao azul da costa.

– Sim, estamos quase a aterrar na praia – disse Zoe, assim que vislumbraram uma faixa de areia branca.

– Perfeito. Londres é uma cidade fantástica mas o tempo é uma treta. Deixa ver – disse, debruçando-se sobre ela de tal modo que as suas orelhas rosadas estavam quase encostadas à cara dela. – E ainda só estamos em Abril. É demais!

Assim que Zoe saiu do avião para o exterior soalheiro, o coração bateu mais forte e o pulso acelerou como se tivesse de repente despertado para a vida. Os fios de cabelo louro tornaram-se dourados e sentia a pele a formigar. Parou e inspirou o ar quente e seco. Até o cheiro a combustível do aeroporto lhe parecia exótico. Um autocarro estilo lagarta veio buscá-los e serpenteou dez metros até ao aeroporto enquanto todos os passageiros começavam a despir os casacos, arregaçavam as mangas, limpavam a testa e procuravam os óculos de sol. Os telemóveis começaram a soar à medida que apanhavam redes portuguesas. O ruído das campainhas da escola começava agora a esvanecer-se.

Zoe passou pela emigração apenas com um olhar de relance ao seu passaporte, ao contrário de Gatwick onde tinha sido obrigada a descalçar os ténis, o gel e o creme de rosto lhe foram confiscados e o corpo revistado às palmadinhas por mãos com luvas de látex. A bagagem saltou para o tapete por detrás de pilhas de tacos de golfe e daí a nada estavam prontas para se dirigir para as portas opacas onde estava escrito "Nada a declarar".

– Até breve, miúdas – gritou Ed enquanto passava por elas com uma mala enorme a rolar obedientemente no seu encalço. – Divirtam-se!

– Graças a Deus foi-se embora – disse Maria, ajeitando os óculos no nariz outra vez, para dar ênfase ao que tinha acabado de dizer.

– Não fales antes de tempo – disse Zoe.

O aeroporto cheirava a bolos, café, cigarros e amêndoas. Portugueses de tez escura com olhos de cachorrinho andavam por ali, uns a fumar, outros com tabuletas com nomes de pessoas. De seguida ouviram o Ed a falar ao telemóvel enquanto esperava na fila junto ao balcão da Hertz.

– PORTIMAO? Como é que isso se pronuncia? – gritou à mulher do balcão – MAO? Como o presidente Mao? Ouviste isto, Collette? Enviaste-me para um raio de um país comunista!

– Que personagem – disse Zoe.

– Bem, ele não se deve dar mal por aqui. Dizem que os portugueses ouvem quem fala mais alto e por mais tempo – disse Maria. Ela já aqui vinha há vários anos e sabia alguma coisa sobre o país e a língua. – Só com alguma sorte é que ninguém o vai ouvir. Ouvi o que ele disse quando lhe disseste que eras professora na zona Este de Londres.

– Sobre estar na linha da frente no combate ao terrorismo?

Maria disse que sim com a cabeça.

– Ele é do tipo de pessoa que nos envolve em guerras no Iraque sem razão. Mas, de qualquer modo, os combatentes da linha da frente têm que apanhar o autocarro para Faro e depois o comboio para Lagos. Por aqui.

Enquanto Zoe seguia Maria através das portas de vidro fumado sentiu-se como se tivesse sido catapultada para outro planeta. O ar tinha aroma de rosmaninho, tomilho, laranja e erva-cidreira. Cheirou tudo. O ar fresco e cinzento mergulhado em sal, vinagre e caril do Este de Londres era agora uma memória distante. Pararam na paragem de autocarros.

– Infelizmente ainda temos que andar um bocado – disse Maria.

– Não faz mal, temos o dia todo. Aliás, temos dezasseis dias. Fantástico! – disse Zoe.

Os pais de Maria tinham comprado um apartamento há três anos num local chamado Praia da Luz e vinham regularmente durante o Inverno. Maria podia vir quando quisesse. Convidou Zoe assim que soube o que lhe tinha acontecido. Ficariam durante dez dias no apartamento dos pais de Maria. Depois, como os pais dela vinham por uns dias, Maria tinha reservado um T1 mais abaixo na costa numa pequena aldeia piscatória chamada Salema, por mais setenta e cinco libras cada. Zoe estava grata porque não lhe sobrava muito do salário todos os meses depois de pagar a renda, imposto municipal, electricidade, água, telefone, passe e alimentos básicos. Isto já para não falar da dívida de vinte e duas mil libras para financiar os estudos universitários.

Uma mala troou em direcção a elas.

– Oi miúdas. Querem boleia? – chamou Ed, com as chaves a balançar entre o polegar e o indicador.

Zoe olhou para Maria hesitante. Não queria nada passar mais uma hora com ele. Mas uma boleia seria bom.

– Vai para onde? – perguntou-lhe Maria.

– Vou para Portimão – disse Ed – mas terei todo o prazer em deixá-las em… onde é que era? Praia da Luz? Venham, estamos em Portugal! O sol brilha, o céu está azul e tenho até às três da tarde. Permitem-me pagar-vos um almoço na Praia da Luz?

Zoe fez sinais com os olhos a Maria. Certamente que ela não ia concordar. Ele era o tipo de pessoa que as metia em guerra com o Iraque.

– OK – disse Maria – mas nós é que lhe pagamos o almoço. Obrigada.

O novo pulsar do coração de Zoe desceu um nível mas não por muito tempo. Chegariam à praia mais rápido.

– Venham. Onde está o carro? Portugal cá vamos nós!

Encontraram o carro, um Megane azul. Ed atirou as malas pesadas para o porta-bagagens e para o banco de trás como se não pesassem nada.

– Peço desculpa mas uma de vocês vai ter que se encolher ali – disse.

– Não faz mal – disse Maria, saltando para o banco de trás, não deixando a Zoe mais nenhuma opção senão a de sentar-se à frente.

– Vou por onde? Alguém sabe? – perguntou enquanto saía do parque de estacionamento.

– Sim – disse Maria. – Tem que seguir os sinais para a A22 para Portim…

– Mao! – disse ele. – A mulher do balcão disse-me.

– Olhem para aqueles homenzinhos lunares – chamou Zoe às esculturas em pedra, olhando-as fixamente. Estavam no meio da rotunda e tinham as cabeças viradas para o alto. Já estava fascinada com este novo planeta.

– Altamente! – disse Ed olhando para a rotunda. – Eh, olhem, aquilo parece um espectáculo fixe. *Vida*!

Zoe olhou para o cartaz publicitando várias mulheres semi-nuas de cabeça para baixo. Por baixo dizia, "Casinos do Algarve". Virou-se para trás, para Maria, que revirou os olhos horrorizada.

Passaram por milhares de carros solitários de cor cinzenta, que reluziam ao sol. Bandeiras da Coca-cola e da Nestlé abanavam com o vento.

– Vire na próxima à direita – disse Maria autoritariamente.

– OK – mudou de direcção para outra estrada.

– Está um sinal de prioridade ao fim deste troço. Tem que parar.

– Mas vai dar a uma estrada com duas faixas! – disse Ed, continuando.

Zoe colocou as mãos no tablier enquanto ele fez uma travagem brusca.

– Meu Deus! Quem é se lembrou de fazer uma intersecção assim? Desculpem, miúdas.

– Penso que estas estradas foram feitas em tempos antigos quando havia só burros e carroças – disse Maria diplomaticamente.

– As estradas novas não são assim.

Ed conduziu devagar na via dupla e Zoe fixou o olhar num moinho de água, abandonado na terra vermelha e numas ruínas cobertas de graffiti. À medida que se aproximavam dos semáforos, tentou ler os painéis publicitários das lojas, oficinas e restaurantes: "*Frango com piri-piri, Churrasqueira, Pneus, Super Bock, Delta Café*. Numa ponte que atravessava a estrada estava escrito, *Fora Capitalistas*!

– O que é que quer dizer "fora"? – perguntou Zoe.

Ninguém sabia.

Num lado da estrada um Porsche e um Mercedes novinhos em folha foram colocados no topo do *stand* de automóveis, enquanto no outro lado, ciganos conduziam uma carroça e um cavalo, com três outros cavalos a trotar atrás. Uma mulher e duas crianças estavam sentadas atrás, as suas cabeças cobertas com lenços coloridos.

– Uau, ciganos verdadeiros. Já não se vêm no Reino Unido – disse Zoe.

– Excepto em Oxford Street, onde estão a mendigar. E no metro. E muitas outras partes do centro de Londres – disse Ed. – Normalmente com um bebé embrulhado para te fazerem sentir mal se não deres nada.

– Normalmente não são este tipo de ciganos – disse Zoe, desejando que estivessem quase a chegar. Daqui a pouco iria começar a falar dos Polacos e nessa altura Maria teria de lhe cortar o pescoço.

– Não interessa. São ciganos. Vêm todos para Londres porque sabem que têm refeições à borla.

– Eu nunca tive nenhuma refeição à borla – disse Zoe, tentando mudar de assunto.

Ed sorriu.

– Claro que não. Tu és inglesa. Mas quando voltares para Londres, eu pago-te um almoço com muito prazer.

Oh, não! Ele estava a flertar com ela.

– E você dá-lhes alguma coisa? – perguntou Maria lá de trás.

– Era o que faltava! Dás de comer a essa gente e eles depois ainda se viram contra ti e matam-te.

– Oh, acho que está a generalizar um bocadinho, não? – disse Maria.

Zoe fez um riso forçado. Não os queria encorajar. E não queria com certeza falar em como alguém a tinha tentado matar. Ele iria adorar saber isso. Assim como os tablóides. *Jovem paquistanês aponta arma à professora de inglês quando lhe foi pedido para ler uma passagem de Shakespeare* (apesar do seu nome ser Thomas e de nunca ter estado no Paquistão). *Terrorismo na sala de aula! Shakespeare ameaçado!* A política do medo no local de trabalho.

Tinha conhecido os pais de Thomas uma noite numa reunião de pais. A mãe dele usava um lenço cor-de-rosa, era forte e pálida mas era uma mulher bonita da Zona Este. Não era muito expressiva e Zoe temeu que Thomas levasse um puxão de orelhas quando chegasse a casa, mas Zoe lembrava-se do pai dele como sendo um homem eloquente. O pai era filho de Paquistaneses, mas tinha nascido em Leyton, e tinha ficado chocado por o seu filho ter tido acesso a uma arma. Zoe achava que os miúdos mais velhos andavam a negociar armas e terá sido assim que ele a adquiriu.

Sabia que o Thomas era um miúdo solitário, como a maioria dos filhos únicos. Felizmente, a escola tinha conseguido manter a história afastada da imprensa. Tiveram que ir todos à esquadra da polícia mas Zoe não apresentou queixa. Era apenas um miúdo confuso e já havia confusão a mais no mundo.

– Aposto que aqui não há muitos emigrantes – disse Ed.

– Bem, apenas um quarto de milhão de britânicos – respondeu Maria.

– Esses não contam. Não estão exactamente a viver às custas do Estado, ou estão?

– Não, mas também não estão a contribuir grande coisa – contrapôs Maria.

– Então não estão, porra. Têm propriedades, fazem aqui as suas compras, vão aos restaurantes e fazem parte da indústria do turismo, que é a única existente no Algarve. Quer dizer, vamos lá a ver, quantas fábricas vês por aqui?

Maria inclinou-se para a frente reajustando os óculos e enfiou a cabeça entre os assentos. Zoe suspirou e olhou pela janela para um enorme e elegante estádio de futebol. Um tapete de trevos amarelos e verdes pareciam ter sido atirados para cada lado da estrada.

– Costumava haver fábricas de sardinha em Portimão e Tavira. Era uma grande indústria. Assim como a cortiça, claro. Mas a questão não é essa. Os meus pais por exemplo, pagam vinte e seis euros cada um em imposto municipal. Não é exactamente uma contribuição significativa e é tudo o que pagam.

Ed encolheu os ombros.

– Os ingleses trazem muito dinheiro para Portugal, assim como os holandeses, os alemães, até o raio dos russos…

– Vire aqui na segunda à direita para a A22 – disse Maria.

Passaram por um sinal indicando acesso proibido a peões e carroças.

– Nem um carro! – notou Zoe, espantada, à medida que avançavam ao longo da nova e vazia via de duas faixas. Ao longe, vivendas assentavam confortavelmente nas colinas da cor da terracota, rodeadas de palmeiras e pinheiros.

– Não é fabuloso? Estradas novas, sem carros, sem emigrantes… – Ed piscou o olho a Zoe.

– Ha, ha – disse Maria arreliada, mas Zoe podia ver que ela não estava realmente zangada.

Passaram por um Renault 4 branco a serpentear na faixa da direita. Um homem ia a beber de uma garrafa, a outra mão segurava o volante e um cigarro entre os dedos.

– Isto faz-me lembrar uma piada que eu ouvi a primeira vez que vim a Portugal – disse Maria. – Querem ouvir?

– Força – respondeu Ed.

Maria inclinou-se para a frente.

– OK. Nos anos do Zé ele foi convidado para almoçar fora por um grupo de amigos. Veste a sua melhor roupa de Domingo e vai a conduzir o seu Renault 4 até ao café local, para tomar um café e dois brandies. Como é o seu aniversário bebe duas cervejas com o pessoal da zona. A seguir vai a conduzir até ao restaurante, encontra-se com os amigos e comem uma sopa, azeitonas e pão como entrada, javali como prato principal e bebem seis garrafas de vinho tinto. Os amigos dão-lhe uma garrafa de whisky como prenda de aniversário. Comem, bebem e cantam os "Parabéns a você". De seguida, pedem mais cafés e brandies. Finalmente, o Zé diz adeus aos amigos e vai cambaleando até ao carro com a sua garrafa de whisky. "Só uma pinguinha", pensa, e abre a garrafa. Põe o carro a trabalhar e lá vai a conduzir todo contente e a cantar em altos berros. Nisto, a GNR ultrapassa-o e estaciona à frente dele, obrigando-o a parar. Quase que vai contra eles. O guarda aproxima-se.

– Então senhor Zé, quanto é que bebeu? – pergunta o guarda.

– Bom, são os meus anos – diz com voz atabalhoada – portanto comecei com um par de brandies, seguidos de duas minis. Depois encontrei-me com os meus amigos e bebemos seis garrafas de vinho e um brandi, seguidos desta garrafa de whisky. Levanta-a para mostrar ao guarda.

– Hm. Não se importa de soprar no balão?

O GNR coloca o balão à frente dele.

– Porquê? – pergunta Zé surpreendido. – Não acreditam em mim?

Ed e Zoe riram-se e o mau estar gerado pela conversa da emigração voou janela fora. Zoe ficou impressionada: nunca se conseguia lembrar de anedotas.

– Ali está uma cimenteira – disse Maria enquanto passavam por uma enorme pedreira.

– Ah, pois, para construir casas para os turistas! – riu-se Ed, triunfante.

14

Zoe fechou a janela e ficaram em silêncio enquanto o carro acelerava pelo Algarve fora. Passaram os sinais para Lagoa e Silves e atravessaram o rio Arade por uma ponte elegante, segura por cabos, que pareciam raios brancos. Ao longe, o horizonte era composto por prédios altos de formas cúbicas.

– Ali é Portimão. Nós vamos por Lagos Oeste/ Vila do Bispo, intersecção 1 – disse Maria.

– OK.

– Então vai ficar cá por quanto tempo? – perguntou Zoe a Ed.

– Isso depende do tipo de investimento que decidirmos fazer. Conto passar a maior parte dos próximos seis meses aqui, mas tenho que ir a Londres de vez em quando.

– Acho que já não há muito mais para construir – disse Maria. – Nestes cinco anos que aqui venho ainda não pararam de o fazer. A estrada entre a Praia da Luz e o Burgau, até quase à Salema, está cheia de construções. Uma casa com dois quartos custa duzentas e cinquenta mil libras.

Zoe bocejou. Emigrantes, preços de imóveis, casas ao sol, ameaças de terrorismo, aquecimento global, economia global e pegadas de carbono pareciam ser a dieta verbal do início do século vinte e um.

– Ainda se encontram propriedades baratas por aqui – disse Ed. – Olhem em volta. Não há por aqui ninguém.

Ele tinha razão. Zoe mal podia esperar para entrar no mar para nadar, deitar-se na praia, comer peixe, beber vinho, ler livros. Trouxe *Expiação*, *A Casa dos Encontros* e alguns livros sem serem de ficção, como *A Desilusão de Deus*. A julgar pelo peso da mala da Maria, devia ter trazido metade da biblioteca. Maria tinha avisado que havia pouco movimento nesta altura do ano, mas quem sabe, podia ser que conhecesse um homem. Um português lindo de pele dourada e macia, com olhos de chocolate de leite e pestanas pretas enroladas. De preferência um Touro, uma vez que tinha lido recentemente que sendo ela Gémeos, os homens do signo Touro eram o parceiro ideal (não que ela acreditasse nesse tipo de coisas, mas nunca se sabe). Ficariam loucamente apaixonados e iriam viver numa pequena casa junto ao mar. Ela arranjaria um emprego numa escola a ensinar inglês. Depois do trabalho, iriam ver o sol a pôr-se na praia, antes de porem o peixe no grelhador e de se sentarem debaixo das estrelas com um copo de vinho branco fresco.

Zoe quase que se tinha esquecido como era estar numa relação amorosa. Tinha partilhado os anos de universidade com Marcus mas depois de se terem formado, ele foi tirar um diploma para ensinar inglês a estrangeiros enquanto ela tinha optado por uma extenuante pós-graduação em Ensino. O curso dele tinha levado seis meses e depois acabou por desaparecer no Triângulo de Ouro da Tailândia, enquanto o dela se tinha arrastado por um ano. Tinha obviamente conhecido alguém, ou talvez ficado pedrado até perder a consciência, uma vez que esteve sem dar notícias durante quinze meses. Zoe tinha saído com alguns homens mas nenhum que a fizesse perder a força nas pernas. A única pessoa que tinha conseguido isso tinha sido o Thomas, de onze anos.

– A intersecção 1 é a seguir – disse Maria, enquanto ultrapassavam um pequeno camião de caixa aberta, cheio de mobília. O guarda-roupa no topo parecia que ia cair a qualquer momento. Zoe sorriu. Isto nunca seria permitido no Reino Unido. Ficou à espera que Ed dissesse alguma coisa mas tudo o que disse foi:

– Começo a gostar deste país.

Enquanto viravam para deixar a auto-estrada, Zoe abriu de novo a janela, deixando a cálida brisa azul assobiar pelo carro adentro. Vivendas rodeadas de ciprestes, pinheiros mansos e árvores de fruto com flores brancas e rosa, salpicavam as encostas. Palmeiras de folhas espetadas para o alto, erguiam-se até ao azul do céu, outras faziam lembrar ananases gigantes. Onde não estava coberta de folhas verdes e amarelas, a terra era de um vermelho acastanhado, como sangue já seco.

Viraram à direita na próxima rotunda em direcção a Vila do Bispo.

– Para o outro lado fica Lagos. Há lá muitos bares e restaurantes – disse Maria.

– Olhem, talvez possamos ir até lá mais tarde – retorquiu Ed.

– E ao Centro Cultural e à Biblioteca – acrescentou Maria.

Passaram por uma vivenda com sistema de rega que tinha relvados imaculados e verdejantes, antes de virarem à esquerda em direcção à Praia da Luz. A estrada estreita levava-os em direcção ao mar, que se estendia em baixo como um manto de seda, aconchegando a enseada.

– Quarenta e cinco minutos. Nada mal. Querem ir deixar a bagagem e depois vamos almoçar?

– Sim, boa ideia – disse Maria.

16

O apartamento ficava no segundo andar no meio de uma urbanização de apartamentos e pequenas vivendas caiadas de branco. Cheirava a mofo e a escuridão. Maria abriu as persianas e as janelas para deixar entrar a luz, enquanto Ed fez questão de trazer as malas. Nunca se tinha deparado com um homem que fizesse isso. Talvez porque Ed pertencesse a outra geração; tinha a ideia que Ed devia ter mais uns quinze anos que ela.

– Olhem, isto é altamente – disse Ed, atravessando a sala com passadas largas até à varanda. Zoe seguiu-o. Por entre as casas brancas, as buganvílias e as palmeiras, vislumbrava-se um pedaço de mar resplandecente. Era mais do que "altamente". Era lindo. Não tinha nada a ver com Leyton. E pensar que ambos os mundos podiam coexistir ao mesmo tempo.

– Quanto é que os teus pais pagaram por isto? – perguntou Ed a Maria.

– Cem mil libras, há 3 anos atrás. Os meus pais ficavam aqui quando vinham de férias e por isso conheciam o casal que estava a vender. Acho que lhes fizeram um preço especial.

– É fantástico – disse Zoe. – Imagina ter um sítio destes para onde podes vir quando quiseres.

– Um dia vais ter um lugar assim – disse Ed.

Zoe pensou que era altamente improvável. Tinha muito pouco a jogar a seu favor sendo professora numa zona pouco favorecida da cidade.

Caminharam em direcção à praia. A areia dourada estendia-se até ao mar turquesa rodeado de camadas de rochas e penhascos de tons amarelos e laranja que circundavam a enseada, fazendo lembrar uma fatia de bolo de bolacha na qual um gigante tinha dado uma dentada.

Havia um largo com várias pessoas sentadas que aparentavam ser inglesas. Viam-se vestígios de torradas com feijão e ovos escalfados e pequenos-almoços ingleses. Uma mulher alta, de cabelo louro e olhos azuis levantou a mesa e veio ter com eles.

– Vocês senta aqui – disse com um sotaque Eslavo carregado.

Zoe olhou para Maria e quase que desataram à gargalhada. A empregada devia ser ou Polaca ou Ucraniana.

– Não, deixe estar, obrigada – disse Ed. – Aquele restaurante ali parece-me fixe – disse apontando para o bar da praia.

– Há alguma coisa de errado com este lugar? – disse Maria. – Lembre-se que somos nós que pagamos.

– Não, miúdas, eu faço questão. Vá, vamos divertir-nos.

Zoe ficaria contente até se tivesse que se sentar na calçada, mas seguiram Ed até ao que parecia um restaurante de luxo em madeira, situado na praia.

– Vejam, há ali uma mesa para nós – disse Ed apressando-se à frente delas. – Olhe, queremos aquela mesa – disse para o empregado.

– Oh, não – suspirou Maria.

Zoe riu-se.

Sentaram-se na esplanada na mesa que Ed escolheu, enquanto um empregado com olhos de chocolate de leite e cabelo curto trouxe os menus. Apesar de Maria ser vegetariana comia peixe e portanto mandaram vir camarão.

– Que vinho é que recomenda? – perguntou Ed ao empregado.

– Vinho verde fica bem ao almoço e com camarão.

– Vinho verde. Então queremos este aqui.

Bateu com o indicador ao fundo da lista.

– Mas esse custa vinte e cinco euros – sussurrou Zoe.

Ed encolheu os ombros. – Pago eu. Querem uma garrafa de vinho branco também?

– Não, obrigada – respondeu Maria incisiva – mas pode trazer-nos uma garrafa de água por favor? – disse para o empregado.

O empregado acenou e anotou tudo num bloco de papel.

– Só homens é que trabalham aqui – fez notar Zoe enquanto o empregado se afastava. – Porque será?

– Talvez por serem os homens a ter que sustentar as mulheres e o resto da família – disse Ed.

– Acha que as coisas ainda funcionam assim por aqui? – quis saber Zoe.

– Ora essa, as coisas ainda são assim em quase todo o lado – respondeu Ed.

Zoe julgou ter detectado vestígios de amargura na sua voz.

– Não são nada – disse Maria.

– Pelo menos aqui são portugueses.

Ed piscou o olho a Zoe.

Felizmente, o empregado apareceu carregando um cestinho de pão, manteiga, pasta de sardinha e azeitonas. Logo a seguir apareceu o vinho dentro de um balde com gelo. O empregado serviu o vinho.

– Saúde, miúdas! À nossa estadia em Portugal!

Fizeram o brinde e provaram o vinho verde, suave e espumoso e entoaram sons de aprovação. Até a Maria. Zoe deixou-se levar por todo aquele cenário. Era um paraíso. Alguns rapazes da zona, com os seus pequenos corpos de cor de avelã, brincavam nas ondas. Uma menina pequena de cabelos louros, tentava fazer um castelo de areia alisando-o com uma pequena pá, enquanto os pais estavam sentados debaixo da sombrinha entretidos com duas crianças mais novas.

– Um dia perfeito para os miúdos – comentou Zoe.

– Até para os adultos já é bem perfeito – respondeu Ed.

– As crianças têm um papel central na vida dos portugueses – fez notar Maria.– São sempre incluídos na vida do dia-a-dia. Talvez por isso pareçam sempre tão bem comportados, ao contrário do que se passa em Inglaterra.

O mar turquesa avançava e recuava alisando a areia dourada com a sua espuma. Fascinada, Zoe pensou na maneira como a vida, a geografia e a condição social em que nascemos são determinados de forma aleatória. Como seria se tivesse nascido no seio de uma família de pescadores no Algarve? Ou se fosse a filha de um cirurgião em Lisboa? Ou a filha de um político na América? Ou a filha de um pedinte na Roménia? Ou a filha de um bombista suicida no Paquistão? Era tudo muito aleatório. É então que a família e a sociedade nos incutem certos costumes e expectativas, tornando quase impossível escapar às origens ou mudar o destino. Mas não por completo. A mãe de Zoe trabalhava no corredor de carnes no mercado de Leicester e o seu pai trabalhava como pedreiro ocasional, com longos períodos no desemprego. Zoe tinha conseguido uma profissão, a de professora. Tinha conseguido mudar o seu destino social, mas ainda assim, quando olhava em volta, sentia que não era suficiente. Queria mais. Dobrou cuidadosamente o guardanapo enquanto pensava se haveria algo de tão errado nisso.

O camarão chegou e foi atacado por todos de imediato.

– Delicioso – disse Ed, mastigando ruidosamente, cabeças e tudo.

– Hm – fez Maria, pela primeira vez de acordo com Ed.

– O que é que faz em Londres? – perguntou Zoe.

– Sou corrector na bolsa. Jogo com o dinheiro das outras pessoas. Mas para além das coisas do costume como o petróleo, telecomunicações e "ponto coms", também temos em mira o sector da construção. Alguns dos nossos clientes querem mais segurança.

– Então não tem nada a ver com o facto do segredo bancário ser maior aqui? – perguntou Maria, sabida.

Ed deu uma golada no vinho.

– Também é um factor encorajador.

– O que quer dizer? – perguntou Zoe.

– Quer dizer que é mais fácil fazer lavagem de dinheiro sujo – disse Maria.

– O que queres dizer com isso? Dinheiro de máfias?

– Sabes como é, homens de negócio, políticos – respondeu Maria.

– Trabalha para a Máfia? – perguntou Zoe.

– Lamento dizer que toda a informação sobre os meus clientes é confidencial – respondeu Ed, piscando-lhe o olho.

– Era isso que fazia também nos Estados Unidos?

– Algo parecido, sim. Aliás, nós temos um sócio em Nova Iorque.

Zoe ergueu o copo e fixou o olhar nas bolhinhas a subir à superfície. Nunca tinha vivido noutro lugar senão Leicester e Londres e não tinha a certeza se gostava de algum desses dois lugares.

– Vou voltar e viver aqui – disse Zoe. Não tinha intenção de dizê-lo mas ao fazê-lo, soou-lhe bem.

– Assim é que é – disse Ed, tocando com o seu copo no de Zoe.

– Estás apenas a deixar-te seduzir pelo sol, pelo mar e pelos camarões – disse Maria. – Conheço muitos amigos dos meus pais que se mudaram para aqui e são infelizes. Tornam-se alcoólicos.

– Mais uma garrafa – disse Ed ao empregado que ia a passar.

– Isso é porque não têm nada que fazer – disse Zoe. – Eu vou arranjar um emprego. Têm que haver escolas por aqui.

– Sim, há uma escola internacional, penso eu – disse Maria – mas, Zoe, pensa naqueles pirralhos betinhos. Não tarda nada vais querer voltar a estar em contacto com o mundo real.

– Porque é que achas que isto não é real? – quis saber Zoe. – É real para as pessoas que cá vivem.

– Pois, mas não é como a maioria vive. Esses fazem parte da elite.

– E qual é o mal de viver com a elite? – disse Ed.

Maria mandou-lhe um olhar fulminante, como se não quisesse dar-se ao trabalho de responder a tamanha estupidez.

Ed molhou um camarão no molho de alho.

– Sabias que se puseres caranguejos num cesto e um tentar escapar, os outros vão puxá-lo para trás? A Zoe está a tentar sair do cesto.

Zoe deu uma gargalhada. De certo modo, era verdade.

– Bem, para mim tem mais a ver com unir os caranguejos todos e fazer um buraco no cesto do pescador para podermos todos escapar – explicou Maria.

Ela tinha alguma razão, Zoe tinha que admitir.

Ed riu-se.

– Ora bem, fico contente por ouvir que o velho socialismo está vivo e bem de saúde na Europa.

– Só gostava de viver noutro sítio por algum tempo – disse Zoe, acendendo um cigarro. Maria começou a sacudir o fumo.

– Vai em frente miúda – respondeu Ed, despejando mais vinho nos copos.

– Quer dizer, eu faço um grande esforço para ensinar numa escola no Este de Londres. Não tenho vida social, não tenho dinheiro, vivo numa espelunca, tenho dívidas enormes. O que é que tenho a perder?

Zoe inspirou profundamente, com dúvidas se seria ela a falar ou o vinho.

Maria encolheu os ombros.

– Pensa em todas as crianças que estás a ajudar.

Mas Zoe não conseguia deixar de pensar que naquele momento era ela quem precisava de ajuda.

– Um brinde a quem escapa do cesto! – declarou Ed.

– Um brinde aos caranguejos unidos! – disse Maria, sorrindo para Ed.

Brindaram a rir e já cheios recostaram-se, com os camarões todos comidos.

– Como é que se diz "obrigado" em português? – perguntou Zoe.

– "Obrigada" para mulheres, "Obrigado" para os homens – disse Maria.

– Obrigada.

– Está ali um *Portugal News* – disse Maria, esticando o braço para a mesa ao lado e agarrando o jornal. – Pode ser que encontres um emprego aqui.

Zoe deu uma vista de olhos pelo jornal, começando pela última página e os olhos pararam num anúncio para professoras de Matemática e Inglês para a Escola Internacional de Lagoa.

Catrapiscou duas vezes e sentiu a pulsação aumentar um pouco. Era como se alguém tivesse colocado o anúncio para ela. Quando Maria foi à casa de banho apressou-se a recortar o anúncio. Ed piscou-lhe o olho.

– Acho que está na altura de escapares do cesto.

– Acho que é capaz de ter razão – disse Zoe.

Aqui estava o emprego, aqui estava o lugar. Agora só lhe faltava um homem e uma casa à beira mar.

– Olha, queres sair mais logo? – perguntou Ed. – Aqui está o meu cartão. Telefona-me.

Felizmente, Maria estava de volta.

2. Na praia

– O robalo é espectacular – disse Zé, batendo com a caneta no bloco para dar ênfase ao que tinha acabado de dizer. – *Querer* que eu *mostrar*?

– Não, não é preciso – apressou-se a dizer a mãe. – Acho que vou pedir os filetes. E tu Jack?

– Eu vou querer lulas – disse Jack que tinha uma cor avermelhada, era careca e um pouco gordo, como a maioria dos homens estrangeiros.

– Uma boa escolha, senhor. Uma de filetes e uma de lulas. E as jovens?

Ao virar toda a sua atenção para as raparigas, presumivelmente filhas do casal, Zé esboçou um sorriso. Uma tinha cabelos escuros, pele clara rosada pelo sol e um nariz pequeno que albergava um enorme par de óculos. Não era má, mas era muito séria. A outra olhou para ele. *Espectacular*, pensou Zé, batendo no seu bloco mais uma vez. Olhos da cor do mar numa tarde de inverno e cabelos louros e brilhantes como os raios do sol. Devia ter uns vinte anos. Turistas. São sempre as melhores. Pensou que seria a primeira visita ao local, uma vez que nunca os tinha visto antes na Salema. Olhou para os dedos dela enquanto segurava no menu. Sem anéis. E batia com eles na capa negra do menu como se soubesse o que ele estava a pensar.

– Acho que vou pedir a lasanha de espinafres – disse a morena de óculos.

– Uma lasanha de espinafres – disse Zé. – E para si? – perguntou com gentileza, olhando para os olhos da bonita. Acreditava que as mulheres do norte da europa achavam os seus olhos escuros particularmente irresistíveis. E era alto também, uma vantagem sobre a maioria da rapaziada da aldeia no que tocava a raparigas. Ele estava quilómetros à frente dos outros todos. O Paulo gostava de pensar que andava lá perto, mas não. Zé tinha-se desleixado ao ficar noivo durante dois anos de uma rapariga da terra, mas ela dera-lhe cabo do carro e deixara-o no verão passado.

Tinha aprendido a lição e tinha saudades do carro, um VW Golf. Ela tinha-o conduzido por um caminho de cabras junto à falésia, passando por cima de todos os pedregulhos que encontrou, como uma louca, tendo reduzido o carro a uma peça horrível de metal sem rodas.

– Queria o robalo – disse a bonita dizendo o nome do peixe em português.

– Um robalo – repetiu ele. – O seu português é muito bom.

– Obrigada – respondeu ela em português com um sorriso. Zé sentiu-se como se um cubo de gelo tivesse deslizado pelas costas abaixo e teve que se agarrar à mesa de alumínio para recuperar o equilíbrio. Olhou para o mar, mas até este estava desfocado, parecendo escamas de peixe. A maré estava baixa e a praia dourada estava banhada pelo pôr-do-sol.

Zoe abotoou o seu casaco azul.

– *Ter* frio? – perguntou ele. – *Querer* sentar lá dentro?

– Não, estou bem, obrigada. É muito bonito aqui para me sentar lá dentro.

– Ah, sim.

O pai pediu sem hesitar uma garrafa de Periquita. Afinal, se calhar já tinham estado antes no Algarve, pensou ele.

– É a primeira vez que vêm a Portugal? – não conseguiu evitar perguntar.

– Ah, não, vimos cá muitas vezes. Mas é a primeira vez da Zoe – disse o homem apontando para a rapariga bonita.

– Estou a ver – disse Zé confuso. Ela não podia ser filha deles se era a primeira vez que cá vinha, apesar de os ingleses terem estranhas combinações familiares. – E *gostar*? – perguntou a Zoe. Zé e Zoe, deu com ele a pensar.

– Adoro. Estou a pensar vir morar para cá – disse Zoe.

Zé hesitou. Isso já seria mais complicado. – Irias gostar muito – disse ele.

Foi lá dentro, gritou os pedidos à cozinha e pediu ao Paulo o vinho. Ainda estavam no fim de Abril e não estavam a contar com muito movimento. Felizmente, o Benfica estava a jogar com o Setúbal. Alguns dos habitantes locais estavam sentados no bar a ver a cobertura antes do jogo. Juntou-se a eles e acendeu um cigarro SG. Claro que o Benfica iria ganhar, mas o FC Porto estava à frente na Liga, por um ponto, seguido do Sporting, por mais um ponto. E só depois é que vinha o Benfica. Se o Sporting e o Porto perdessem, havia ainda uma possibilidade. O som da televisão estava baixo porque o dono do restaurante sabia que nem todos os turistas gostavam de ouvir o relato do futebol, eles gostavam era de ouvir o som do mar. Mas fosse como fosse, ele era alemão.

– Bonita – disse Paulo, passando por Zé com a bandeja com as bebidas, indicando com um gesto de cabeça em direcção à mesa na esplanada.

– Hm – Zé fez uma careta. O Paulo tinha vivido em Inglaterra e falava bem inglês, mas Zé dizia a si próprio que não precisava de se preocupar porque Paulo estava quase sempre bêbado, a cair e a andar à bulha. As raparigas estrangeiras não gostavam disso. Aliás, nem as portuguesas. Além disso, Paulo tinha aspecto de mais velho. Uma mulher tinha-lhe dado trinta e oito anos a noite passada. Errou por dez anos.

– Achas que elas querem vir à festa mais logo? – perguntou Paulo.

– Duvido. Elas estão com os pais, ou pelo menos uma delas está, penso eu.

– Que pena.

Zé vazou vinho no copo do pai das raparigas para ele provar. Este bochechou, fez *aaah*, bebeu um golinho e depois disse que era bom. A morena olhou para Zé de forma estranha, quase como zangada, com os seus olhos ampliados, enquanto mexia no copo. Inclinou-se sobre a bonita e vazou-lhe o vinho no copo. Cheirava a cerejas. Não podia de forma alguma estar relacionada com o resto.

– Obrigada – disse Zoe sorrindo para ele.

Sentiu uma grande vontade de se rebolar no chão com ela, mas colocou a mão por detrás das costas e serviu o vinho aos outros.

A bonita tirou um maço de cigarros da Benson & Hedges.

– Posso fumar aqui, não posso?

– Claro. Pode fumar onde quiser.

Sacou de um isqueiro e inclinou-se sobre ela. Olhos enormes sacudiam o fumo.

– Em Inglaterra daqui a pouco não podemos fumar de todo, nem em restaurantes nem bares.

– Em Portugal se isso acontecesse havia uma revolução – disse Zé.

– As regulamentações da UE também vão cá chegar, sabias? – disse o pai.

– Talvez a uma mesa.

Todos se riram. Zé sentiu-se bem. Gostava quando as pessoas se riam. Ergueram os copos e ele retirou-se para fumar o resto do seu cigarro já aceso no bar. Foi dado o pontapé de saída mas tinham dado apenas uns passes na bola quando os cestos de pão caseiro, azeitonas, manteiga, queijo de ovelha e picles de cenoura em alho apareceram no bar. Transportou rapidamente as entradas no braço e nas mãos, posicionando-se por trás da bonita enquanto colocava tudo na mesa.

– Estão aqui de férias? - perguntou ao pai.

– Bom, estamos na Praia da Luz...

"Golo!"

Zé virou a cabeça rapidamente para a televisão por um micro segundo. Aaah! Simão levou as mãos à cabeça. Falhou. De repente a noite já não parecia muito promissora. O Benfica não tinha marcado, a bonita Zoe estava na Praia da Luz, a quinze quilómetros de distância e ele não tinha carro.

Um grupo de dez pessoas apareceu e o Paraíso ficou cheio inesperadamente, pela primeira vez no ano. Tinham fechado dois meses no inverno porque Hans, o dono alemão, disse que não podia manter o restaurante aberto. A pequena aldeia ficava vazia como se a maré levasse com ela as pessoas. Fechava quase tudo. Zé tinha pensado também em ir embora mas tinha gasto todo o dinheiro. Aliás, tinha usado a maioria no jogo, mas isso não importava. De qualquer modo, nem sabia para onde ir. Em Inglaterra estava muito frio e a julgar pelas pessoas que aqui chegavam, era um sítio muito stressante. Além disso, daqui a pouco nem se podia fumar lá. Não falava muito bem alemão nem francês e não conhecia ninguém nesses países. Aqui, tinha uma casa, uma mãe que o idolatrava e um irmão mais velho, que estava sem trabalho (e não apenas durante o inverno) mas ainda tinha dinheiro suficiente para gastar em bebida no Clube Social. Mas tudo bem. Isso era no Inverno. Agora, estava a ganhar bom dinheiro. Gostava do seu trabalho, principalmente quando estava ocupado e a cabeça pouco pesada. Tinha começado aos vinte anos e era o quinto ano a trabalhar num dos restaurantes de topo do Algarve. Respeito e descrição eram o segredo.

– O cliente tem sempre razão – disse-lhes Hans. – Mesmo quando não tem. Respondam às suas perguntas, riam quando eles se rirem e desapareçam quando não precisarem de vocês. Sejam sempre discretos. Nunca assumam nada. Nunca faltem ao respeito. E nunca durmam com eles.

Todos sorriram quando ouviram isso.

26

Zé deslizava de mesa em mesa, anotando pedidos, bebidas e entradas. Só tinha tempo para averiguar o resultado e estava ainda em 0-0. Faltavam quinze minutos para o fim do jogo. Parvos, não conseguem marcar. O FC Porto já tinha ganho e o Sporting também. Se o Benfica perdesse este jogo, perderiam a Liga. De vez em quando olhava para Zoe. Ela parecia estar sempre a rir-se ou a falar. As mãos dançavam sobre a mesa enquanto falava. O pai pediu mais uma garrafa de vinho para acompanhar a refeição.

– Quanto tempo *ficar*? – conseguiu perguntar enquanto levantava a mesa.

– Vamos embora amanhã – disse o pai. – Aqui as jovens ficam cá por mais uns dias.

Zé sorriu e acenou. Um pai português nunca permitiria que a sua filha ficasse sozinha, mas soava-lhe bem. Se ao menos tivesse um carro...

– Já cá estamos há para aí dez dias – disse Zoe.

"Golo!"

Nem era preciso olhar para trás para saber que o Benfica tinha marcado. Respirou de alívio enquanto eles pediram cafés com leite, como era o hábito dos estrangeiros, e, um brandi para o pai, como a maioria dos homens pedia.

Maria e a mãe pediram tarte de amêndoa. Zoe não quis nada.

Apressou-se até ao bar para ir buscar os cafés e o brandi. Miccoli tinha marcado. Graças a Deus.

A conta chegou aos oitenta e sete euros e o pai disse-lhe para guardar o troco de cem euros.

– Muito obrigada, senhor – disse Zé.

Depois do trabalho, Zé ficou surpreso por ver Zoe de pé no bar Azar, a falar com um rapaz inglês, o Pete. A morena estava ao seu lado sentada, a beber uma imperial. Não havia sinal dos pais. Entrou e colocou-se por trás de Zoe. Ela era quase tão alta como ele, mas não tanto. Elegante, sexy e um rabo muito jeitoso. Ela virou-se imediatamente, como se tivesse pressentido que era ele. Ela tocou-lhe no braço e ele sentiu como se lhe tivessem caído os dedos do pé. Sorriu, olhou profundamente para os olhos de cor turquesa e soube que iria ficar a dever um pedido de desculpa a Hans.

– Olá – disse ela. – Já terminaste o trabalho por hoje?

– Sim, saí às onze.

– Queres uma bebida?

– Uma cerveja?

– Sim, pode ser. Três cervejas, por favor – pediu em português a José, o barman.

– Onde *estar* os pais? – perguntou ele.

– Voltaram para a Praia da Luz. Nós estamos aqui hospedadas.

Zé não conseguiu evitar um sorriso malandro. O Benfica tinha ganho, a rapariga bonita estava na Salema, sozinha. Ou quase. Agora só precisava encontrar alguém com um carro para poderem chegar até à festa. Qualquer pessoa menos o Paulo.

– Onde é que aprendeste a falar inglês? – perguntou Maria.

– Aqui – disse ele.

– Nunca estiveste em Inglaterra? Nem na América? Não? – perguntou Zoe.

Ele abanou a cabeça.

– Toda a gente me diz para não ir. Eles vêm cá e dizem-me que eu *ter* sorte por viver aqui.

– Mas não queres ver por ti próprio? – Maria empurrou os óculos no nariz e ficou a olhar para ele com aqueles olhos enormes.

Zé encolheu os ombros e bebeu a cerveja.

– Nem por isso. Talvez um dia.

Além disso, ele nunca tinha dinheiro que chegasse. Os estrangeiros não percebiam isso. Ele teria que trabalhar uma semana para ganhar o que eles gastaram no jantar.

Pete tinha carro e talvez quisesse ir. Perguntou-lhe, mas Pete disse que tinha que trabalhar no dia seguinte. No momento em que Zé estava a pedir mais bebidas, entrou Paulo que foi imediatamente em direcção às duas raparigas e colocou os braços em volta delas.

– Oi miúdas, querem vir a uma festa mais logo?

Zé queria dar-lhe um murro. Mas, nesse momento, Zoe perguntou ao Paulo se o Zé também vinha. Zé acenou que sim e sorriu para Paulo.

– Cabrão, acabaste de perder os tomates – disse-lhe Paulo em português antes de se virar para as raparigas. – Então vamos todos.

– Que tipo de festa é? – perguntou Maria. Parecia mais à vontade depois de beber algumas cervejas. Zé passou-lhe outra.

– É tipo uma *rave* perto de Barão de São João – explicou Paulo. – Têm lá um DJ de Nova Iorque. É a primeira festa da estação.

– Parece fixe – disse Zoe. – Como é que chegamos lá?

– No meu carro.
– E estás a beber?
Paulo abanou a cabeça.
– Só cerveja.

As raparigas riram-se quando viram o Renault 4. Realmente, estava quase tão amolgado como o VW do Zé, mas tinha rodas. Maria esteve quase para se recusar a entrar no carro, especialmente quando lhe disseram que tinha que segurar na porta, porque às vezes caía.

– Têm a certeza que isto é legal? – perguntou Maria várias vezes.

– Toda a certeza. Mas temos que ir por caminhos velhos - disse Paulo começando a conduzir.

– Acho que a minha avó tinha um carro destes nos anos sessenta ou setenta – disse Zoe.

– Olha onde estão as mudanças! – exclamou Maria.

– É giro. Gosto.

– Aparentemente é contra a regulamentação da CEE – disse Paulo. – Já não fazem mais destes.

– Porquê?

– Sabe-se lá? Eu até tenho luzes. OK, agarra-te a essa porta, temos que entrar na EN125 por um bocadinho – avisou Paulo.

Já passava da meia-noite; as estradas estavam vazias, mas a GNR tinha o hábito de fazer operações stop e pararem carros velhos. Se fosse uma rapariga nova e loura poderia ser que se escapasse, mas o Paulo estaria lixado. Nem tinha carta de condução. Felizmente, não havia ninguém. Saíram da estrada principal e voltaram para os caminhos velhos.

– Vens aqui muitas vezes? – perguntou Zoe, inclinando-se para a frente. A respiração quente dela fez cócegas no pescoço de Zé.

– Não, esta festa é diferente. Todos os anos é diferente.

Atravessaram um portão e desceram por um caminho. Fita incandescente decorava a vedação e a batida da música sentia-se no chão. Foram até onde estavam dezenas de carros estacionados ao lado de uma vala. Paulo guinou o Renault em direcção à vedação e desligou o motor. As raparigas aplaudiram.

Assim que saíram do carro, Zé colocou o braço em volta de Zoe e aconchegaram-se um no outro. Mal podia esperar por estar nu com ela. Paulo caminhava à frente de Maria.

– És muito bonita, sabias? Tens namorado? – perguntou Zé a Zoe.

– Não – respondeu.

Zé sentiu uma hesitação qualquer.

– Devias ter um namorado. Talvez dois?

– Sim, talvez devesse.

Ela riu-se.

– E tu?

– Eu tenho quatro.

Ele sabia que ela não ia acreditar nele.

– Namorados?

Ela sorriu para ele.

Ele riu-se.

– Olha para as estrelas – disse ela. – De que signo é que és? Horóscopo?

– Signo? Ah, eu sou Touro.

Pôs as mãos na cabeça e fingiu investir sobre ela. Ela contorceu-se como um peixe fora de água. Ele atirou-a para cima do ombro e rodopiou com ela, rindo sem parar. Colocou-a no chão e puxou-a em direcção a si, com os lábios dele a jeito para a beijar.

– Vá, vocês os dois, despachem-se – chamou a mandona da Maria.

– Eu sou Gémeos. Somos perfeitos um para o outro – disse Zoe.

– Claro que somos – disse ele, consciente da sua boca semiaberta quando ela o empurrou.

Agarrou na mão dela e foram apanhar os outros. Havia uma área de dança onde o DJ estava a misturar sons e várias tendas a vender apenas garrafas de cerveja e vinho tinto. Zé pagou o consumo mínimo de cinco euros e Paulo comprou as cervejas. Dançaram durante algum tempo e depois Zé comprou mais garrafas de Super Bock. Queria estar a sós com Zoe por isso levou-a pela mão e afastaram-se da festa, passando por pessoas amontoadas no chão, a fumar charros e a ver as estrelas.

– É lindo – disse ela.

Encontrou um lugar recatado entre uns arbustos, tirou o casaco e colocou-o no chão pedregoso para ela se sentar. Colocou o braço em volta dela e ela virou-se para ficar de frente para ele. Os olhos dela brilhavam e reflectiam um azul eléctrico ao luar. Espectacular. Ela beijou-o, profundamente, apaixonadamente, amorosamente.

Ele sentiu-se como se tivesse a ser engolido por inteiro e fechou os olhos.

– Zé! Está na hora de ires para o trabalho! – chamou a mãe dele. – São quase quatro da tarde!

Abriu os olhos de repente e ficou aliviado por ver que estava na sua cama. Depois sentiu o pulso e entrou em pânico quando não sentiu nada para além da cabeça a latejar. Gemeu à medida que se foi lembrando da noite anterior. O Paulo tinha ficado acordado até tarde com ele, a beber até às dez da manhã, uma vez que Maria se tinha recusado a deixá-los dormir no apartamento. Zé saiu da cama com a cabeça pesada e os joelhos esfolados. Tomou um duche, vestiu-se e foi tropeçando ladeira abaixo até à pastelaria. Precisava de um café e de uma Macieira. Verificou o telemóvel e viu que tinha três mensagens de Zoe. Antes de ter oportunidade para as abrir viu Zoe sentada lá fora a ler um livro. Estava a usar um chapéu de palha com abas. Lembrou-se de fazerem amor debaixo de um imenso céu negro. Ela era deslumbrante, mas ele sentia-se doente e não queria que nenhum dos rapazes o visse com ela. Os mexericos espalhavam-se mais depressa pela aldeia do que o tempo que levava a subir a ladeira.

– Oi, Zé, pensava que íamos à praia hoje à tarde – disse ela enquanto ele se aproximava.

– Boa tarde, Zoe – disse ele cumprimentando-a com dois beijos na face. – Como estás?

– Estou bem – disse ela. – Estou com um pouco de ressaca, mas foi uma noite óptima. Gostei muito.

– Eu também.

– Porque é que não te encontraste comigo?

– Deixei-me dormir. O Paulo e eu *beber* demais e agora tenho que tomar um café antes do trabalho. Com licença. *Encontrar* mais tarde, OK?

– Oh, OK.

Ele entrou na pastelaria. A rapaziada cumprimentou-o. Alguns dos pescadores mais velhos, incluindo o seu tio Rui, que não era muito mais velho que Zé e o pequeno Marinho, estavam a comer um prato de percebes. Marinho fazia lembrar Zé quando era pequeno. Zé também tinha querido ser pescador como o pai, como o eram o pai de todos na altura.

– Hoje parece que andaste no mar Zé – gracejou Rui. – Espero que a pescaria tenha sido boa!

– Do melhor e nem tive que ir ao mar apanhar frio e ficar todo molhado.

– Irias ficar frio e molhado porque cairias ao mar de bêbado!

Zé riu-se, agarrou no seu café e brandi e sentou-se com a malta mais nova que estava a falar do jogo do dia anterior. O Rui devia ser doido para ainda ir à pesca. Emborcou o brandi de uma só vez. Foi como se tivesse enfiado a cabeça num balde cheio de água gelada do mar. Arregalou os olhos e com a cara a arder começou a sentir a pulsação. Agora já estava quase pronto para enfrentar o trabalho. Zoe já não estava sentada lá fora quando deixou a pastelaria. As mensagens diziam: "Olá Zé, vais à praia mais tarde?... Estou na pastelaria, vens cá ter comigo?... Zé, onde estás?"

Quando acabou o trabalho Zoe estava à espera dele à porta do Paraíso.

– Olá Zoe – disse beijando-a. – Que surpresa.

– Porquê? Estavas à espera de outra pessoa? – perguntou Zoe. A voz dela foi um golpe para ele.

– Não, nunca tenho expectativas. Vou na onda.

Contudo, o irmão estava à espera dele no Clube Social.

Ela sorriu.

– E se fossemos tomar uma bebida?

– Isso é um convite?

Ele piscou-lhe o olho e ela riu-se. Não tinha feito muitas gorjetas nessa noite (não tinha tido vontade de cativar os clientes). Não que tivessem havido muitos clientes.

– Onde está a Maria?

– Ela está cansada. Ficou em casa.

Foram até ao bar e ela comprou-lhe várias cervejas, até que finalmente, ele começou a sentir-se normal.

– Podemos ir até ao teu apartamento? – perguntou ele, brincando com o cabelo dela.

– Não, a Maria está a dormir. E porque não para tua casa?

– Acordávamos a minha mãe.

– Vives com a tua mãe?

Ela pareceu abismada.

– Claro. Não sou casado.

– Eu também não sou casada mas não vivo com a minha mãe.

– Que idade tens?

– Vinte e quatro.

32

Ela era mais velha do que ele pensava.

– Aqui é difícil. Não ganhamos muito.

Ofereceu-lhe um cigarro e ela aceitou.

– Também não é fácil em Inglaterra. Mais de metade do meu salário é para pagar a renda, imposto municipal, água, contas. Só me sobram trezentas libras por mês.

Era o que ele ganhava num mês, sem incluir as gorjetas.

– Não me vais perguntar o que faço?

– O que é que fazes?

– Sou professora.

– Professora? Que bom.

Era terrível. Ele tinha reprovado em quase todos os testes e tinha deixado a escola assim que pôde.

– Nem por isso. Ensino numa escola no Este de Londres. Não é nada bom. Os miúdos estão sempre à bulha. Um deles entrou na sala de aula com uma arma há umas semanas atrás.

Zoe falou mais um pouco sobre o seu trabalho. Ele não percebia tudo, mas percebeu que ela vivia noutro mundo. Ela tinha ido para a universidade. Ele só tinha lido um livro, O Alquimista de Paulo Coelho, porque o seu irmão disse que o devia ler, mas tinha levado um ano a acabar e mesmo assim não tinha a certeza se tinha entendido tudo.

– Vamos caminhar na praia – disse ela.

Zé concordou, não que ele quisesse. Estava vento. As mulheres estrangeiras queriam sempre ir andar na praia, mesmo se estivesse a chover. Começaram-lhe então a vir à cabeça imagens de Zoe a usar uma mini-saia em frente ao quadro da sala de aula e começou a aquecer. Duvidava que a rapaziada mais velha os visse ali. Beberam duas cervejas e assim que arranjaram refúgio na escuridão, começaram a beijar-se. Zé sentiu-se a cair outra vez. Esta rapariga era especial. Encontrou um sítio para se sentarem, semi-abrigado pelas rochas. O vento atirava areia para cima deles. As luzes vermelhas e brancas dos barcos de pesca piscavam no mar.

– Olha para as estrelas – disse ela.

– Hm – disse Zé.

– Há algo de especial entre nós, não há? – perguntou, empurrando-o para a areia.

Zé concordou, enquanto lhe beijava o pescoço e as suas mãos a exploravam por baixo do vestido. Os vestidos eram bem mais fáceis que as calças de ganga.

– Tu és fantástica – sussurrou Zé enquanto faziam amor. Zoe arquejou quando ele entrou dentro dela.

– Gostavas de vir a Inglaterra visitar-me? – perguntou enquanto se aconchegavam um no outro e fumavam um cigarro.

– Só se eu puder fumar – brincou ele.

– Podes fumar comigo sempre que quiseres – disse ela. – Só cá estou por mais dois dias.

– Mas voltas? – perguntou ele.

– Gostavas que eu voltasse?

– Claro.

– Envias-me e-mails entretanto?

– Não tenho computador.

 Mesmo que tivesse não sabia usá-lo.

– Há cafés com internet.

– Mas, tu sabes como é, não tenho muito tempo.

– Oh. Quando é que é o teu dia de folga?

– Amanhã.

– Excelente. Podíamos fazer qualquer coisa. Talvez ir de autocarro até Lagos?

De autocarro para Lagos? Ia sempre jogar futebol na praia no dia de folga. Acompanhou-a até casa e prometeu que iria encontrar-se com ela no dia seguinte. De seguida apressou-se a ir ter com o seu irmão no Clube Social, mas ele já se tinha ido embora.

No dia seguinte, Zé levantou-se a horas para o almoço. Comeram feijoada de arroz. A mãe dele tinha feito a sua mousse de chocolate favorita para sobremesa.

– Como correu o trabalho ontem à noite Zé? – perguntou a mãe.

– Muito movimento, mãe. Já acabámos tarde – disse Zé.

O irmão dele riu-se. Tinha-o visto ir para a praia com a Zoe.

– Tu não podes falar – a mãe repreendeu o irmão. – Tu nem sequer tens um emprego. Fizeste boas gorjetas, filho?

– Não foi mau. Precisas de dinheiro mãe?

– Não, filho, junta dinheiro para o carro. E vê lá se vens para casa esta noite que os teus tios e primos vêm cá.

Depois de uma bica forte, Zé e o irmão foram juntos até à praia.

Zoe estava na pastelaria outra vez. Desta vez estava sentada com o João, o traficante de droga local e Sasha, a prostituta louca –

34

ou pelo menos é o que diziam os rumores – e Günter, um alemão mais velho e o seu cão irrequieto, que viviam numa ruína. João e Sasha estavam a usar chapéus de palha e óculos de sol roxos, a condizer. Zé acenou a todos à medida que os olhos de Zoe o seguiam. O seu tio Jorge, Nuno e Romeu e dois dos seus cães estavam a brincar junto à água. O seu irmão foi buscar algumas cervejas enquanto Nuno lhe passou a bola.

Zé balançou a bola nos joelhos antes de fazer piruetas à volta dela e chutá-la de costas para Jorge, que lhe deu duas de cabeça antes de a pontapear para Romeu. Zé adorava isto. A areia morna alisada pelo peso do mar debaixo dos seus pés, a camaradagem da rapaziada, o controlo que tinha sobre a bola enquanto a virava e revirava para depois a deixar rolar corpo abaixo. Podia fazer isto o dia todo. Quando tinha calor, mergulhava no mar gelado para se

35

refrescar. Eventualmente, deixaram-se cair na areia, exaustos pela brincadeira. O irmão dele sugeriu que fizessem uma visita ao Pete, que tinha uma piscina e os tinha convidado. Zé lembrou-se que tinha prometido a Zoe encontrar-se com ela. O irmão apercebeu-se da sua hesitação.

– Vai ser divertido, Zé. Vamos tomar umas bebidas com a rapaziada.

– OK.

Passaram o resto da tarde na vivenda do Pete situada na colina a beber cerveja. Recebeu uma mensagem de Zoe a perguntar-lhe onde estava. Ele respondeu-lhe que lamentava mas que teve que ir para casa.

Zé, o seu irmão e Jorge estavam atrasados para jantar e a mãe ralhou com eles, mas na verdade não parecia muito chateada. As primas Esmeralda e João estavam lá e também a tia Paula, o tio Rui e os filhos, Inês e o pequeno Marinho. A sala de jantar estava a abarrotar. Foram mastigando ruidosamente os camarões fritos e beberam mais cerveja. Depois do jantar, pediu licença e foi ver televisão. A última coisa que se recordava era do Marinho vir ter com ele com um livro e dizer-lhe que ele tinha que aprender a ler.

Ainda faltavam algumas horas antes de ir trabalhar no dia seguinte e por isso foi até à praia juntar-se aos rapazes. Tinha dormido doze horas e a cabeça estava lúcida como já não estava há muito tempo. Nuno balançava a bola na coxa enquanto o seu tio Jorge estava a dizer ao Paulo que uma pequena rapariga inglesa tinha sido raptada na Praia da Luz, avisando-o para não ir lá no carro porque o lugar estava repleto de GNR e repórteres. No bolso dos calções do Zé o telefone anunciou uma mensagem. Era de Zoe, a perguntar se ele queria ir tomar um café. Enviou uma mensagem a dizer que estava na praia e que talvez se pudessem encontrar mais tarde.

Ouviu alguém chamar o seu nome e virou-se na altura em que a bola lhe passou por cima da cabeça. Zoe estava ali, de biquíni roxo e braços cruzados. O cabelo longo batia-lhe na cara com a brisa.

Nuno piscou o olho a Zé e foi atrás da bola.

– Olá Zoe. Desculpa aquilo de ontem. Deixei-me dormir.

Ela sorriu.

– Ai é? Estive na pastelaria à tua espera.

– Desculpa, tive que estar com a minha família. Depois adormeci e dormi que nem uma pedra.

– OK, mas podemos falar agora?

Zé olhou para trás desejando estar com o seu grupo de amigos.

– Claro – disse ele. – Vamo-nos sentar.

Sentaram-se na areia.

– Gostas de mim? – perguntou ela.

– Claro que sim – respondeu ele, não muito satisfeito com o tom da conversa. Ainda nem tinha bebido uma cerveja.

– É que parece que não me queres ver – disse ela. A voz dela tremeu um pouco quando o disse. – Nem sequer para tomar um café.

Zé fixou o olhar no mar. Um veleiro deslizava sobre a superfície branca e sedosa.

– Claro que te quero ver – disse ele.

– Mas estás sempre com outras pessoas.

– São os meus amigos – retorquiu vacilante.

– Então preferes estar com eles do que comigo?

Zé tinha a sensação de que o que ia dizer estava errado.

– Às vezes.

– Estou a ver.

Fez uma pausa.

– Sou capaz de ter a oportunidade de vir trabalhar para cá, para a Escola Internacional. Contactei-os e eles pareceram interessados.

– Mas isso é bom para ti, não é?

Ele sabia que ela queria que ele dissesse mais alguma coisa, mas ele não conseguia, apesar da Escola Internacional ser bastante longe.

– Não sei. Tenho que pensar.

Levantou-se.

– Sabes Zé, não podes ir na onda toda a tua vida. Um dia vais acabar sozinho na praia.

Zé encolheu os ombros, deu-lhe dois beijos na face e disse que ia ter com ela depois do trabalho e apressou-se para ir ter com os amigos. Estas coisas levavam o seu tempo, mas com certeza ela percebia isso. Falaria com ela mais tarde.

Ela não estava à espera dele depois do trabalho. Foi a todos os bares mas não a encontrou. Foi ao apartamento mas estava às escuras. Talvez estivessem a dormir. Amanhã logo a encontrava. Nessa noite foi para a cama sóbrio, a pensar nela.

No dia seguinte recebeu uma mensagem. *Peço desculpa pelo erro que cometi. Pensei que havia algo especial entre nós.* Ia responder mas não tinha crédito no telemóvel. Foi ao apartamento mas não havia vestígios nem dela, nem de Maria. Procurou por ela na praia mas também não estava lá. Devia ter-se ido embora. Encolheu os ombros e olhou em volta. Pernas longas e bronzeadas estendiam-se na praia. Havia muitas mais raparigas. Alguém lhe atirou uma bola. Apanhou-a e atirou-a de volta antes de caminhar até à pastelaria.

3. Fim da linha

Robert pousou a pistola de pregos, pegou no martelo e nalguns pregos de cinco centímetros. Iria precisar de os pregar mais fundo nas vigas do chão. Olhou para a janela aberta do sótão e vislumbrou uma águia a voar no céu azul, por cima das florestas montanhosas de eucaliptos. Piscou os olhos – às vezes quando estava a trabalhar esquecia-se onde estava. Depois ouviu o aspirador despertar com um ronco. Por que razão é que Rebecca insistia em aspirar quando ele ainda estava a trabalhar, era uma coisa que ele nunca iria perceber. Mas estava quase. As portas e as janelas já estavam postas, a casa de banho estava quase pronta e a cozinha do IKEA devia chegar na próxima semana. Depois era começar a trabalhar no exterior. Não iria levar mais que seis meses. Foda-se. Já chegava por hoje. Tinha bebido uns medronhos a mais na noite passada e precisava de descansar.

Desceu do escadote e seguiu em direcção ao murmúrio do pequeno frigorífico, situado no que haveria de ser a cozinha. O aspirador devia tê-lo ouvido porque de repente calou-se.

– Já terminaste? – vociferou Rebecca.

– Quase – respondeu Robert, tirando uma cerveja e ignorando a carantonha de Rebecca, enquanto ela se aproximava.

– São só três da tarde, Rob – disse ela.

Robert estava admirado por ter aguentado tanto tempo. Bebeu várias goladas de cerveja antes de olhar para Rebecca, mas ela estava a encaminhar-se em direcção ao escadote. A primeira cerveja do dia refrescou-lhe a garganta, o estômago e fê-lo sorrir.

– Pensava que hoje ias trabalhar nas escadas – exclamou – para podermos começar a dormir lá em cima.

Começou a subir o escadote para inspeccionar o chão.

– Amanhã – disse Robert, o seu sorriso a desvanecer-se. – Mas o chão está pronto – acrescentou – sabendo que ela encontraria algo de errado.

– Parece que há uns quantos pregos sobressaídos e ainda não lixaste o chão.

– Isso faz-se num minuto.

– E quanto tempo é que vai levar para completares as escadas?

– Dois dias.

Rebecca suspirou.

– Quem me dera que tivéssemos alugado casa por mais um mês.

Robert bebeu mais cerveja, determinado a não deixar que ela o irritasse. Não iria ficar stressado (tinha tido stress suficiente quando trabalhava como carpinteiro para uma cadeia de lojas na área Este de Londres). Deviam ter alugado por mais uns tempos mas depois de Abril a renda teria quase que duplicado. A casa estava a demorar mais tempo do que ele tinha previsto, especialmente quando já tinham o telhado, a canalização e a parte eléctrica pronta, assim como as paredes interiores e exteriores rebocadas, antes de se terem mudado de armas e bagagens para Portugal. Mas qual era o mal? Tinham um tecto que os abrigava. Podia ficar pronta em qualquer altura (de preferência antes do dinheiro acabar). Além disso, era divertido construir a própria casa.

Rebecca voltou e olhou para todas as sacas de argamassa e cimento que estavam empilhadas onde seria a sala de estar.

– Bem, se calhar podíamos por tudo isto numa cozinha.

– Porquê? – perguntou Robert. – Vou precisar disso tudo não tarda nada.

– Para não termos que passar mais uma noite a olhar para isto.

– Ó Beca, à noite é suposto dormires e não ficares a olhar para os sacos de cimento.

Estavam temporariamente a dormir num colchão, colocado no chão da sala.

– Só quero um quarto longe do pó – disse Rebecca esvaindo-se em lágrimas.

Robert pousou a cerveja e foi abraçá-la. Ela deixou-se cair nos seus braços cobertos de serradura a soluçar. Cheirava a diluente.

– Onde quer que vou só vejo cimento, areia, vidros partidos, entulho e mais entulho e bagunça.

– Isso é porque estamos em obras, Beca – disse Robert. – Tu sabias que era assim.

– Não sabia que seria assim e tu disseste que a casa estaria pronta em Março. Já estamos em Maio e ainda nem temos um quarto para dormir.

– Foda-se, Rebecca. Estou a fazer o melhor que posso.

Largou-a e bebeu o resto da cerveja.

– E porque é que continuas a beber?

– É só uma garrafa pequena de cerveja, Rebecca. É normal. Ainda não reparaste que aqui toda a gente bebe cerveja o dia todo? Estou com sede, porra.

Foi ao frigorífico buscar outra, ciente que estava a ficar irritado.

– Robert, andas a beber todos os dias, e não é só cerveja. Temos que acabar esta casa. Quase não fazes nada. Foda-se, eu pintei as paredes todas, lixei, limpei, enquanto tu estás sempre a beber.

– Não comeces, Beca.

– Não estou a começar. Só quero mudar a cama lá para cima esta noite, por isso, podemos acabar o chão?

– Não vale a pena. Ainda precisa da lixa. Depois tem que levar um lubrificante ou verniz, ou o que quer que queiras fazer com ele.

– Então vai lixar. Disseste que não levava mais que um minuto. Pelo menos depois posso pintá-lo.

Robert olhou para ela. Os lábios estavam cerrados e os olhos, normalmente azuis, tinham-se tornado cinzentos como uma pedra. Parecia a mãe dela.

– Não, Rebecca. Foda-se, já me chega por hoje.

Robert agarrou nas chaves da carrinha e dirigiu-se para as portas de sacada que ele próprio tinha feito. Não ia ser obrigado a fazer o que não lhe apetecia.

– Onde é que vais? – guinchou Rebecca atrás dele. – Foda-se. Estás a fugir outra vez!

Ele não respondeu e continuou a andar, passando pelas espátulas cheias de cimento, pelas pilhas de tijolos até à zona do entulho, onde a sua carrinha *Discovery* estava estacionada. Ele não estava a fugir: só não queria uma cena. Ia dar uma volta e manter-se calmo. Ouviu as portas baterem com força e gritos abafados, como se alguém estivesse a amordaçá-la. Quem lhe dera.

Enquanto abria a porta da carrinha, viu a vizinha Dona Maria, uma senhora idosa que devia ter uns oitenta anos. Cavava com uma enxada a uns metros de distância. Tinha pouco mais que metro e meio mas era forte que nem um boi. Acenou-lhe e disse, "Olá".

– Olá – respondeu Robert.

41

Rebecca não gostava que a Dona Maria cruzasse o terreno deles para ter acesso à estrada, mas também Rebecca não gostava de nada, pensou.

Ligou o motor e foi-se embora. Rebecca não o tinha seguido. Não faria uma cena enquanto a velhota estivesse ali, portanto estava safo.

Iria visitar uns amigos de Leeds que também estavam a restaurar uma propriedade, mas muito mais calmamente que eles. Eram sete, incluindo duas mulheres e dois miúdos, mas não pareciam incomodados pelos sacos de cimento. Depois mudou de ideias. Não estava com vontade de conversa. Dirigiu-se para Portimão. Podia comprar mais papel para a lixadeira de cinta.

O telefone tocou. Olhou para baixo e respirou fundo. Era Rebecca. Não ia atender. Acabariam por discutir.

Conduziu pela estrada delineada por eucaliptos. Ao longo da costa, o azul-escuro do mar separava o branco e azul do céu, interrompido ocasionalmente por uma colina. Mais uma tarde linda.

Porque é que tudo o que fazia nunca era bem feito? Ela estava sempre a criticá-lo e a embirrar com ele. Quem os visse havia de pensar que se tinham mudado para o raio duma zona residencial austera, em vez duma linda montanha no Algarve. Estavam juntos há oito anos. Tinha pensado que iriam ficar juntos para sempre mas a ideia de ficar com ela mais oito dias, quanto mais oito anos, preocupava-o. Pensou que aqui ela seria feliz. Pensou que aqui seriam os dois felizes, mas tinha que encarar os factos – não estava a resultar. A realidade esbarrou com ele enquanto travava para fazer a curva. *Não estava a resultar.*

Virou para a estrada principal na direcção este-oeste e observou o mar, calmo e imutável, da costa sul. Talvez alugasse uma casa num sítio qualquer e depois terminava a porra da casa. Talvez devesse levantar o resto do dinheiro que tinham e deixá-la entregue a si própria. Por outro lado, talvez devesse mas é ir beber qualquer coisa para relaxar.

Começou a descer a serra, passando os troncos negros dos eucaliptos, vítimas dos fogos de 2004. A paisagem de cor laranja vivo e de verdes tinha-se transformado em branco e preto e só agora começava a mostrar sinais de cor. A carrinha lá ia rolando serra abaixo. Sentia o cheiro dos travões a queimar a borracha. As carrinhas LDV já tinham visto melhores dias.

Decidiu não passar pela Max Mat. Não valia a pena. Em vez disso, foi directamente para Praia da Rocha e estacionou junto à costa. Caminhou pela calçada que levava até aos bares e restaurantes e sentou-se num pequeno bar que vendia cervejas por um euro. O empregado resmungou quando lhe trouxe o litro de cerveja.

As pessoas na mesa ao lado eram robustas, rosadas e tinham sotaque do norte de Inglaterra. Começaram a fazer contas para saber o preço da comida em libras. Robert emborcou a cerveja, deixou um euro na mesa e dirigiu-se para o restaurante de peixe frito com batatas fritas, que ficava um pouco mais abaixo. Era um lugar que normalmente não frequentava, já que tanto ele como a Rebecca permaneciam afastados da comunidade estrangeira e das zonas infestadas com turistas, mas nesse momento apetecia-lhe peixe frito com batatas fritas. Só lá estava uma pessoa a comer. Robert pediu bacalhau, batatas fritas e uma cerveja de caneca.

– Está de férias? – perguntou uma mulher forte de avental, com aspecto de meia-idade, presumidamente a dona, enquanto trazia a cerveja.

– Não – disse Robert. – Vivo aqui. Bem, lá em cima na serra.

– Oh, a sério? E o que é que acha daquilo? Alguém fala inglês por lá?

– Bom, há alguns ingleses, holandeses e alemães a restaurar casas. Mas não há muitos habitantes locais que falem inglês.

– Então, mas isso é bom, não é? Quer dizer, assim pratica a língua.

Robert acenou sem se querer comprometer. Rebecca estava a aprender rápido mas ele não se estava a sair tão bem.

– Eu tento, mas não me safo. Todos os nossos clientes são ingleses.

– Já está cá há quanto tempo? – perguntou ele.

– Há um ano, mas só abrimos em Março. Tem sido mais difícil do que pensámos.

Robert fez "Hm" como sinal que compreendia e a mulher foi até outra mesa.

– Mais uma cerveja, Ann – pediu o outro cliente.

O sal e vinagre lembravam-lhe o Oeste de Londres encharcado pela chuva. Não que tivesse saudades. Só dos tempos bem passados que teve com Beca. Mas também, mal se viam durante a semana e por isso só passavam os domingos e as férias juntos.

Desde que se mudaram para Portugal, há seis meses, estavam juntos todos os dias, dia e noite.

Comeu o peixe com batatas fritas, disse adeus e desejou boa sorte a Ann continuando a caminhar pela Praia da Rocha. Era época baixa e ainda não era noite, por isso não havia muitos turistas por ali. Os bares de desporto tinham as televisões em altos berros com resultados e comentários. Leu o placard lá fora: Chelsea contra Manchester United. Fantástico! O jogo já tinha começado mas ainda faltava mais de metade. Rebecca não gostava de futebol, por isso quase nunca assistia a jogos. Entrou. Estava escuro e o plasma de alta definição projectava caras gigantes. O jogo estava em 0:0.

Pediu uma cerveja e sentou-se num banco. Um tipo de cabelo escuro de corte rente e barbicha sentou-se ao seu lado gritando para a televisão. Rob pensou que seria americano, mas assumidamente um fã do Chelsea. Enquanto Robert se acalmava com a sua cerveja, sentado no banco e a ver o jogo sentiu a felicidade subir-lhe pelos dedos das mãos e depois descer até aos dedos do pé. Isto é que era vida. O homem ao seu lado estendeu a mão.

– Ed – disse simplesmente.

– Rob – respondeu ele. Deram um aperto de mão e gemeram quando o remate de Drogba bateu no poste.

Ed pediu uma rodada de tequila para mais ou menos uma dúzia de pessoas que estavam no bar, quase todos apoiantes do Chelsea, excepto duas raparigas de aproximadamente vinte anos, que a julgar pelos risinhos de mão na boca, pareciam apoiar o Manchester United por causa do Ronaldo. Robert sabia que não devia beber tequila se fosse conduzir até casa mas, foda-se, se calhar nem ia voltar.

Ryan Giggs bateu na trave da baliza.

– Raios, Chelsea. Estão a dormir a sesta? – gritou Ed para a televisão – Acordem!

– Não te preocupes, o Manchester deve estar a sonhar se pensa que pode ganhar este jogo – Rob deu consigo a dizer – Força Azuis!

O jogo arrastou-se com muitos ais, sem marcações de ambos os lados, mas com bastantes faltas: Makalele, Ferreira, Ashley, Cole.

– Parece rugby – disse Ed, num sotaque britânico surpreendentemente formal.

– És inglês? – perguntou Rob.

– Claro que sou inglês. O que é que pensavas?

– Tens sotaque americano.

– Ah, sim, sou um inglês com sotaque americano. Vivi nos Estados Unidos durante quinze anos antes da minha mulher…Oh imbecil!

Makelele estava fora de jogo.

– O que é que a tua mulher fez?

– Arranjou um amante, pôs-me fora, mudou as fechaduras e roubou a maior parte do meu dinheiro. Vá, Chelsea!

– Ah – disse Robert. Pelo menos a Beca não faria uma coisa dessas. Ou será que faria?

O jogo passou para tempo extra e vieram mais cervejas até que, finalmente, Drogba marcou e soou o apito. Rob e Ed saltaram dos bancos do bar de braços no ar. O resto do pessoal começou a cantar e a cerveja ia sendo entornada dos copos lançados a cima e a baixo, os cachecóis rodavam por cima das cabeças numa roda de cor. Mourinho dava socos no ar enquanto Ronaldo tinha a cabeça entre os joelhos, sentindo obviamente que estava na equipa errada. As raparigas pareciam querer desatar a chorar.

– Provavelmente este jogo não vai ficar na história – disse Ed. – Mas ganhámos. Somos os campeões!

– Sim – disse Rob – Somos os campeões!

Assim que disse aquelas palavras sentiu-se como se pertencesse ali, algo que já não sentia há muito tempo.

– Viva os Azuis! Olha, queres ir beber qualquer coisa para celebrar? Conheço um bom bar perto da marina.

– Claro – disse Rob.

Deixaram o bar desportivo e dirigiram-se até ao fundo da rua. Já havia mais turistas por ali, para além dos ruidosos apoiantes do Chelsea e dos cabisbaixos do Manchester United. Raparigas novas de sandálias de salto e mini-saias seguravam-se umas nas outras tagarelando enquanto passavam por casais com casacos e *Crocs* cor-de-rosa e azuis.

– Como raio é que alguém conseguiu pôr o mundo a usar umas cercas de plástico à volta dos pés? Essa pessoa devia ganhar um diploma por lavagem cerebral. São as coisas mais horríveis do mundo, não são?

Robert concordou, feliz por não estar a usar os seus.

– Onde é que estás hospedado? – perguntou Ed.

– Vivo na serra.

– A sério? O Algarve da alta?

– É isso que lhe chamas? – disse Rob a rir-se. – Não será o Algarve de penico?

– O quê?

– Dizem que a nuvem no topo da serra é o penico de Deus.

– Eh pá, não é esse o *slogan* dos agentes imobiliários. Chove mesmo muito por lá?

– Sim.

– Hm. Mas não tanto como em Inglaterra, certo?

– Se calhar mais ainda. Quando chove é torrencial. Porquê? Estás a pensar mudar-te para lá?

– Não propriamente, mas estamos a pensar investir: comprar casas e restaurá-las. Tenho andado a ver algumas e parecem-me bons investimentos para os clientes. A costa tem muita gente e é muito caro. Estás a restaurar?

– Bem, eu estava, mas estou a pensar sair de lá – disse Robert. – Estou a ter problemas com a namorada. Parece que chegámos ao fim da linha.

– Então o que tu precisas é uma boa noite por fora, homem. Anda daí, vamos à marina mais tarde e primeiro vamos ao casino.

Antes que Robert se apercebesse o que estava a fazer já estava a seguir Ed pelas portas de vidro fumado.

– Bebemos uma cerveja e vamos ganhar algum dinheiro! Alinhas?

A hesitação de Robert durou menos que um segundo. E porque não? Estava a divertir-se. Normalmente nunca jogava. Podia dispor de vinte euros. Ed trocou duas centenas de euros, dirigiram-se para as máquinas de jogo e começaram a pôr moedas.

Para surpresa de Robert, carros com a cor correcta começaram a alinhar-se e o dinheiro começou a jorrar. Com o *catchim* das máquinas não se apercebeu do telemóvel a tocar. Boa! Mais uma linha! Para variar eram moedas que choviam torrencialmente.

– Olha, é a tua noite de sorte! Anda, vamos levantar o dinheiro e vamos ver o espectáculo.

– Qual espectáculo? – perguntou Robert.

– Qual espectáculo? Anda daí homem que ainda não viveste. Ainda não ouviste falar do novo espectáculo chamado Vida? Estas raparigas são uma brasa. Conheci-as na outra noite num bar na marina e elas falaram-me do espectáculo.

A Rebecca iria matá-lo. Robert sentia-se eléctrico, como se tivesse tudo aceso por dentro, prestes a entrar em curto-circuito.

Desligou o telemóvel, ignorou as três chamadas não atendidas e foi receber quase trezentos euros.

Robert comprou os bilhetes e foram acompanhados pela sala escura até uma mesa em frente ao palco. Não estava muita gente e com excepção de dois casais eram todos homens. Ed pediu duas caipirinhas ao empregado de fato. Robert não tinha a certeza se seria boa ideia depois da cerveja e da tequila, mas mudou de ideias quando chupou pela palhinha metida no gelo e limão. A bebida era fria, doce e amarga. Era bastante forte. Perfeita.

Robert arregalou os olhos quando a música electrónica começou e quatro mulheres penduradas no tecto de cabeça para baixo apareceram, com os corpos eroticamente envoltos em cordas. Rodopiaram e rodopiaram, as suas pernas cintilantes acariciando a escuridão, cada vez mais rápido até estarem a voar por cima deles. Uma por uma aterraram no palco, agacharam-se, enrolaram-se e lentamente desenrolaram-se e cresceram, cresceram... Robert não conseguiu deixar de pensar que isto era mais arte do que um espectáculo erótico. A Beca havia de gostar. De seguida oito raparigas entraram no palco a dançar, vestidas de meninas de escola, em mini-saia e suspensórios, saltos altos, olhos brilhantes e lábios vermelhos. Robert mudou de ideias. Na traseira do palco apareceram dois bailarinos vestidos de meninos de escola. Robert sorveu mais caipirinha. Uma das raparigas piscou o olho a Ed.

Robert tinha que admitir que Ed tinha tudo estudado, pensou enquanto via o espectáculo. Os seus corpos eram maleáveis, fortes, musculados e *sexys*, enquanto dançavam à volta de cadeiras e em volta umas das outras. Havia mais bailarinas no ar. À medida que quatro raparigas balançavam em argolas, uma rapariga sem peito abriu tanto as pernas que só se voltaram a unir e a fechar por cima da cabeça. Robert não sabia que o corpo de uma mulher podia fazer aquilo. As bailarinas, agora vestidas em agasalhos de penas e botas altas, foram um alívio de ver depois da contorcionista. Robert não pôde deixar de pensar que havia uma linha muito ténue a separar o erótico do grotesco.

A seguir, dois homens fortes, sem cabelo e untados de óleo, vestidos com calções de pele de leopardo, posaram à frente do palco. Um deles levantou o outro devagar como se o outro fosse um bastão de marioneta. Ed reparou no olhar pasmado de Robert e rolou os olhos para cima como se estivesse à espera que uma rapariga caísse do tecto directamente no seu colo. Ou, talvez estivesse a tentar dizer "grande coisa" e que ele também conseguia fazer aquilo. Robert não tinha a certeza mas pensou que tinham ficado os dois contentes quando as raparigas voltaram. A bola de discoteca começou a rodar e as raparigas começaram a dançar umas com as outras.

Não fazia ideia qual era a história que estavam a contar, especialmente quando as raparigas rasgaram os tops e deu com ele a olhar para dezasseis mamas grandes. Ed quase que se engasgou na sua caipirinha. Robert pestanejou.

– Uau – disse Ed, depois de as raparigas terem ido embora, o palco ter voltado à escuridão e de ele ter parado de tossir. – Isto foi quase tão bom como o Chelsea ter ganho. Acho que estou cheio de tesão – disse Ed, retirando a conta ao empregado de mesa. – Vens ao tal bar? Preciso de comer, quero dizer, encontrar-me, com uma das bailarinas apesar de ter um raio de um pressentimento que ela já tem dono.

Robert sabia que era altura de ir para casa. Já tinha bebido o suficiente, tinha tido uma noite excelente e eram horas de voltar. Sabia por outras crises em que tinha abusado da bebida que devia parar antes que fosse tarde demais. Deu cinquenta euros a Ed para cobrir as bebidas e a gorjeta. O empregado de mesa acenou com a cabeça.

– Claro que vou – disse Robert. – Vais esperar por ela aqui?

– Não, elas vão demorar-se muito. Sabes como são as miúdas. Encontramo-nos com elas no bar.

Robert não sabia como as miúdas eram. Rebecca estava sempre à sua espera, mas podia imaginar. Teriam que despir as cuecas brilhantes, tomar um duche, retirar a maquilhagem de palco e depois vestirem-se para sair.

O bar da marina tinha algumas pessoas glamorosas espalhadas por ali a embalar as caipirinhas. Uma área coberta oferecia uma zona de relaxamento com sofás de verga e pouca luz. Lá dentro, o DJ misturava *house music* enquanto várias pessoas dançavam debaixo de bolas espelhadas.

– Hei! Isto é um espectáculo! – Ed pediu mais caipirinhas e ficaram de pé junto ao bar a ver o movimento. – Portimão é que é!

A música pulsava nas veias de Robert e este deu consigo a mover-se ao som dos decibéis. Ed pousou a sua bebida e começou a movimentar os braços no ar.

Dançaram e beberam com ousadia. A uma dada altura, Ed perguntou por Rebecca.

– Afinal de contas o que é que se passa com vocês os dois?

De repente Robert não tinha a certeza. Rabujou qualquer coisa sobre ela o criticar constantemente. Ia acrescentar que ela era controladora, sempre a queixar-se porque ele bebia, mas não o disse. Não queria falar sobre isso.

Cinco das bailarinas chegaram com dois rapazes portugueses. Rob reconheceu um como sendo um dos empregados de mesa que os tinha servido. As raparigas pareciam pedaços gigantes de algodão doce e Robert deu consigo a babar-se todo por elas. Ed pediu imediatamente mais caipirinhas. Charlotte, que tinha cabelo escuro com madeixas louras, apanhado num rabo-de-cavalo e olhos plácidos de um azul brilhante, sentou-se num banco do bar, suspirou e vasculhou dentro da mala.

– Então o que é que achaste do espectáculo? – perguntou ela.

– Achei que foi avassalador – disse Ed. – E tu foste a melhor.

Ela sorriu e levantou a mão esquerda. Tinha um anel de casamento. Robert não queria acreditar que ela era casada. Parecia ter apenas vinte anos.

– Ah, bolas – disse Ed. – A vida não é justa.

Riram-se.

– Mas tu és uma bailarina – exclamou Robert. Pelo menos não tinha usado a palavra "*dançarina*" que era realmente o que ele queria dizer.

– E? – disse Charlotte, ferindo-o com os gélidos olhos azuis.

– E… por isso és nova demais para estar casada.

Ela riu-se.

– Tu vens de onde?

Virou-lhe as costas e ficou de frente para Ed.

– E tu, quantas vezes foste casado?

– Só uma vez – disse Ed. – Agora sou muitíssimo solteiro.

Robert afastou-se, tentando esquecer a humilhação, e deu consigo a ser puxado ao encontro de uma loura com a pele tão macia como sândalo. Usava um vestido justo, vermelho e decotado com um pequeno casaco preto que tirou rapidamente. Em cima das suas sandálias de salto alto era quase tão alta como Robert e ele media 1,80m.

– Gostaste do espectáculo? – perguntou ela numa voz grossa e rouca.

Robert acenou apenas, não confiando no que pudesse dizer. Tinha-se como um homem bem-parecido, especialmente com o seu cabelo descolorado pelo sol e o seu bronzeado, mas tinha bebido muito e por isso às vezes dizia coisas estúpidas. Em vez de falar dançaram juntos, Robert sempre consciente daqueles seios junto a ele.

– Tem cuidado Vicky, ele está a passar por um divórcio! – disse Ed.

– Olha quem fala – respondeu ela, antes de se virar de novo para Robert.

– O que é que aconteceu? Fim da linha? – perguntou-lhe Vicky.

– Sim! – disse Robert.

Como é que ela sabia? Era assim para toda a gente?

– E ela está aqui em Portimão? – perguntou ela.

– Não – respondeu Robert, colando os braços à volta dela e puxando-a contra ele.

– Assim está bem.

Robert riu-se. Então estava tudo bem. Beca nunca iria saber. Ed comprou mais caipirinhas e passou-as a Robert e a Vicky. Vicky deu a Robert a sua bebida enquanto os dois bailarinos se aproximavam e começou a dançar com eles. Robert bebeu as duas. Depois apercebeu-se que Vicky estava a tornar-se demasiadamente íntima com um dos bailarinos que tinha um braço firmemente posicionado em volta dela enquanto movia as ancas sinuosamente.

– O que é que eles pensam que estão a fazer? – rosnou, avançando em direcção a eles.

– Rob! Tem calma, homem.

Um braço agarrou nele e conduziu-o até lá fora. Era Ed.

– Ah, não te preocupes comigo – disse Rob, emborcando outra caipirinha. – Ela é deslumbrante, não é? – disse ele com os olhos a seguir Vicky equanto ela dançava. – E não é casada.

Desatou a rir à gargalhada.

– Tem cuidado para não a aborreceres. Ela tem muitos amigos.

– Como é que eu a poderia aborrecer? As raparigas não me conseguem resistir. Rob riu-se. Nunca tinha tido problemas em arranjar uma namorada – não que tivesse precisado nos últimos oito anos. Mas agora era diferente. Agora era solteiro. Emborcou mais uma caipirinha, bateu as palmas por cima da cabeça e foi em direcção a Vicky, afastando os outros bailarinos à medida que se aproximava. Vicky virou a cabeça e franziu a testa, afastando-se para onde estava um dos bailarinos (um homem pequeno, magro, que serpenteava como uma cobra em transe). Vicky imitou os movimentos. Rob, para que não lhe ficassem à frente, fez o mesmo. Pensou ter visto pessoas a rirem-se e pensou porque seria, uma vez que se estava a sair tão bem. Sentia a música a bater dentro dele. Dançou com as mãos no ar como se fosse uma cobra a dançar ao som de uma flauta invisível, antes de se recolher ao cesto.

Robert apercebeu-se de uma luz intermitente que tentava penetrar na sua cabeça. A sua boca estava cheia de areia e o seu corpo parecia que tinha sido pisado por uma manada de elefantes. Que raio teria acontecido? Estaria refém no Iraque? Robert gemeu, limpou a boca, abriu os olhos e deu de caras com o mar a vir em direcção a ele, apenas a cinco metros de distância. Merda. Esfregou os olhos, sentou-se, e assim que tirou a areia dos olhos, olhou em volta. Estava na Praia da Rocha, era de madrugada e havia algumas pessoas a passear os cães, mas ainda não havia cadeiras de praia. A sua cabeça parecia estar cheia de cimento e tinha frio. Que raio teria acontecido?

Buscou nas suas memórias e começou a sentir-se doente por não se conseguir lembrar de nada, para além do facto de ter estado no clube da marina com o Ed e as bailarinas. Olhou para trás de si para os rochedos cor de vómito e para as torres de cimento que entravam pelo céu azul adentro mas não lhe diziam nada, a não ser que estava a meio caminho entre a marina e onde tinha deixado a carrinha. Deve ter tentado voltar, ter caído e apagado. Estava cheio de frio porque não tinha o seu casaco, que devia ter caído no bar. Bateu nos bolsos das calças e apercebeu-se que ainda tinha o telemóvel e surpreendentemente a sua carteira. Abriu-a: só dez euros. Estranho. Lembrava-se claramente de ter ganho trezentos euros – seguramente não teria gasto tudo. O telemóvel estava desligado e deixou-o ficar assim. Ainda não estava pronto para enfrentar a realidade. Precisava de pensar. Lembrava-se de ter dançado com Vicky e de beber mais caipirinhas. Será que eles tinham dito que iam para outro bar? Teria tentado segui-los? Teriam eles entrado num táxi deixando-o à beira da estrada a cambalear? Tinha imagens de ter estado numa rua a tentar apanhar um táxi, mas não tinha ideia de como tinha chegado à praia.

Robert abraçou-se aos joelhos, a cabeça caiu sobre o peito. A vida podia mudar tão rapidamente. Ontem a esta hora tinha acordado a sentir-se um pouco pesado mas tinha o dia pela frente para acabar o chão. Beca iria ralhar com ele mas beberia umas cervejas e tudo ficaria resolvido. Esta manhã estava na praia a sentir-se como se tivesse sido ele a ser lixado. Nem se atrevia a pensar o que iria dizer a Beca. Mas que raio? Ela já estava farta dele de qualquer maneira. Iria contar-lhe a verdade. Depois, se necessário, iria nadar e não voltaria. Ligou o telemóvel. Eram 8h10m e havia três mensagens e cinco chamadas não atendidas, todas dela. Telefonou e preparou-se para o *tsunami*.

– Rob? És tu? Estás bem?

– Estou bem, Beca. Desculpa.

Seguiu-se um momento de silêncio.

– Estás bem? Onde é que estiveste? Estava preocupada. Onde estás?

Robert ficou surpreso pela calma na voz dela. Estava à espera que ela ficasse chateada.

– Estou em Portimão. Conheci um tipo chamado Ed e fomos tomar umas bebidas. Fiquei em casa dele porque não estava capaz de conduzir.

Não era preciso contar-lhe a verdade toda.

– Mas porque é que tinhas o telemóvel desligado? Estava preocupada.

Beca não estava zangada com ele: era um milagre.

– Peço desculpa Beca. Desliguei-o porque estava zangado e depois esqueci-me de o ligar. Ouve, falamos quando eu voltar, OK? Precisas de alguma coisa de Portimão?

– Pão e leite.

– OK, vou buscar.

– Rob?

– Sim?

– Amo-te, sabias?

Rob pestanejou. Os olhos pareciam que estavam cheios de areia outra vez.

– Também te amo – disse ele.

Soube, assim que o disse, que a amava mais do que tudo na vida. Que raio de brincadeira tinha arranjado ontem à noite.

– Acabei o chão! E dormi lá em cima! É lindo ver as estrelas através da janela do sótão.

– Como é que podes ter acabado o chão? – perguntou.

– Lixei-o com a lixadeira, limpei e envernizei.

– Uau – disse sem forças.

De repente, queria estar na casa que era deles, enroscado no colchão por baixo das estrelas. Queria colocar os braços em volta dela, acariciar-lhe o cabelo louro e beijar-lhe as pestanas pretas e compridas.

– Despacha-te. Até já.

– Até já – disse.

Desligou o telemóvel e dobrou-o para o fechar. Quem lhe dera poder dobrar-se assim. Tinha sido um idiota, era o que era. Acabou-se a bebida e acordar com a boca cheia de areia a tremer de frio na praia. Não se lembrar do que tinha acontecido não era divertido. Não era isto que queria da vida. Levantou-se, sentindo-se tonto e sacudiu a areia da t-shirt e das calças de ganga. Não valia a pena voltar atrás para procurar o casaco. Tinha tido sorte por ter apenas perdido isso e o dinheiro, muita sorte! Ainda estaria muito acima do limite de álcool para conduzir se fosse apanhado, mas não era provável que isso acontecesse de manhã.

Cambaleou praia acima em direcção às frágeis escadas de madeira fixas nos penhascos, a areia agarrada a ele como cola. Agarrou-se ao corrimão e elevou-se, cada passo mais pesado que o último. Parou para vomitar caipirinha nas suculentas plantas espinhosas de um cor-de-rosa vivo que nasciam nas frestas das rochas. Os degraus estavam agora talhados no rochedo e foi tropeçando até ao topo.

O restaurante de peixe frito e batatas fritas ainda não estava aberto por isso foi ao bar que vendia cerveja por um euro e pediu torrada com feijão, um café e sumo de laranja.

– Uma bela manhã – disse-lhe a empregada.

– Sim – disse Rob.

– Amanhã dá chuva.

– A sério?

Precisava de colocar uma camada extra de verniz nas portas e janelas e pintar as traves do telhado.

A empregada acenou autoritariamente e foi buscar o pedido. Outro casal inglês, muito mais velhos que ele, chegaram e pediram café e brandi. Por momentos Rob ficou tentado (um brandi iria fazê-lo sentir-se bem melhor) mas bebeu o sumo de laranja, comeu a torrada com feijões e inalou o aroma do café. Depois caminhou até ao Ali Super e comprou papos-secos e leite tendo voltado depois ao restaurante para vomitar o pequeno-almoço, ainda mal digerido. O pivete a cachaça fê-lo vomitar mais ainda na sanita mas já não tinha mais nada no estômago. Permaneceu junto da sanita sentindo-se mais fraco que nunca. Talvez fosse melhor pedir a Beca que o viesse buscar, mas isso significava ter que lhe dizer o quanto tinha realmente bebido. Não, ia ficar bom. Ela estava a dar-lhe outra oportunidade e não a queria desperdiçar. Salpicou a cara com água e tentou lavar os sovacos. Os seus olhos azuis estavam vermelhos, o cabelo louro estava sujo e precisava de se barbear. Ficou a olhar ao espelho para o seu aspecto enxovalhado e parecia ter cinquenta anos em vez de trinta. Enxaguou a boca, colocou a cabeça debaixo da torneira e de seguida por baixo do secador de mãos.

Quando deixou a casa de banho já se sentia um pouco mais humano. Foi retraçando os passos que tinha dado no dia anterior, ao longo da calçada junto ao mar. Barcos de pesca e iates deslizavam pela água, o sol começava agora a aquecer. A carrinha estava no sítio onde a tinha deixado. O motor acordou com um ronco e Robert saiu do parque de estacionamento sentindo-se muito melhor do que há uma hora atrás. Estava um dia lindo, estava vivo e era amado, apesar de ser um pulha.

Passou pelo Lidl e pelo centro comercial sem parar. Passou-lhe pela cabeça entrar na Max Mat e comprar papel de lixa mas queria chegar a casa. Passou pelo supermercado E.Leclerc e por alguns ciganos numa carroça puxada por um cavalo, com outros quatro cavalos a trotear, dois de cada lado. Seguiu para a estrada de Alvor e aproximou-se da rotunda quando o seu coração parou. A PSP estava a fazer uma operação stop. Quase todos os veículos estavam a ser parados. A polícia estava a mostrar cartazes aos condutores.

Rob tentou inspirar e expirar devagar. Agora não, por favor. Não agora que tinha decidido mudar a sua vida. Devia estar pelo menos duas vezes acima do limite de álcool permitido, se não mais. Mike tinha sido detido numa cela da polícia durante o fim-de-semana por beber embriagado. Mas talvez tivesse sorte. Os dois carros à frente do dele tinham sido deixados passar. Colocou o pé no pedal para os seguir, mas um dos cabrões acenou-lhe com o bastão.

Merda, merda, merda. Encostou, baixou o vidro e olhou para o guarda que devia ser cinco anos mais novo que ele.

– Bom dia. Fala português?

Rob abanou a cabeça.

– Inglês?

– Identificação e carta de condução – pediu o agente em inglês.

Fica calmo, Rob disse para si próprio. Tinha os documentos consigo. Encontrou a carta de condução na carteira mas depois lembrou-se que o passaporte tinha ficado no casaco.

– Perdi o meu passaporte – disse ele.

O polícia examinou a carta de condução como se fosse contagiosa. Eventualmente, depois de a ter virado várias vezes, começou a tomar umas notas. Isto tudo demorou quinze minutos. Rob tentou lembrar-se quanto tempo levava para uma unidade de álcool desaparecer do sangue. Pensou que seriam duas horas portanto teriam já desaparecido um quarto das caipirinhas e foi nessa altura que o agente se virou para ele. Calculou rapidamente e estimou que teria ainda seis unidades e um quarto.

– Passaporte?

– Perdi-o. Ontem à noite. Tenho que contactar a Embaixada Britânica.

– Saia do veículo por favor – disse o agente.

– Porquê? O que é que se passa? – respondeu Rob, tentando não respirar perto do uniforme.

– Precisamos de revistar a carrinha. Está aberta?

Rob desligou o motor, retirou as chaves e abriu a porta. Quando colocou as pernas no chão pareciam gelatina e cambaleou até à traseira da carrinha. As suas mãos tremiam enquanto enfiava a chave e abria a porta. Dois guardas e um pastor alemão juntaram-se em redor do veículo e saltaram lá para dentro.

– O que é que se está a passar? – perguntou Rob. – Do que é que estão à procura?

Pelo menos não tinha drogas na traseira. Aliás, havia muito pouco para além de dois sacos de cimento e meia dúzia caixas que ainda não tinham sido abertas mas que estavam agora a sê-lo pela polícia e a ser farejadas pelos cães. Rob tinha medo de pensar o que poderia lá estar dentro. Beca é que tinha ficado encarregue de empacotar as coisas.

– Vem de onde?

– Inglaterra.

– Isso eu sei. Onde ficou ontem à noite?

– Ah – riu-se Robert. – Estou a ver. Portimão.

– Portimão? Esteve lá a noite toda?

– Sim.

– E dormiu onde?

– Com um amigo na Praia da Rocha.

– Vive lá?

– Não, eu vivo perto de Monchique.

– Viu esta rapariga em algum lado?

O polícia mostrou-lhe a fotografia de uma pequena rapariga de cabelo louro, olhos escuros e uma expressão ensombrada.

– Não. Porquê? Quem é ela? O que é que aconteceu?

– Está desaparecida. Não viu as notícias?

– Não – disse Robert. – Não temos televisão.

O polícia olhou para ele com um ar suspeito.

– E não tem passaporte?

– Não, perdi-o.

– E onde é que o perdeu?

– Não tenho a certeza mas acho que estava no meu casaco num bar da marina.

O polícia virou as costas e falou com outro que começou a disparar palavras para o rádio.

– Você vem connosco à esquadra de Portimão.

O outro polícia ainda estava a falar pelo rádio, presumivelmente para pedir reforços. O estômago de Rob parecia uma betoneira mas esta não era altura de se curvar e vomitar. Isso seria dar-se a descobrir. Queria fazer perguntas mas sabia que não iria obter respostas. Enquanto cambaleava de volta para a carrinha, tentou convencer-se de que não haveria problema: estavam a deixá-lo conduzir, não estava a ser preso e nem lhe tinham pedido para soprar o balão e não havia certamente rapariga nenhuma escondida na carrinha.

Não tinha tempo de telefonar para Beca. Seguiu o carro da PSP até à esquadra, passou pelos ciganos, pelo ELeclerc, Max Mat e por ali acima até à rotunda. De seguida virou à esquerda na direcção da esquadra da polícia e tribunal. Mais uma vez o seu estômago era um redemoinho dentro da betoneira e o seu corpo estremeceu quando os polícias de ancas adornadas com armas, cassetetes e algemas o apressaram para uma sala de interrogatório. Era agora. Iam fechá-lo e atirar a chave fora. Apontaram para uma cadeira em frente a uma secretária e começaram a discutir qualquer coisa durante o que pareceram horas. Nem se preocuparam em falar com ele, apesar de a uma dada altura, terem feito claramente uma piada enquanto olhavam para ele e se riam. Robert sorriu estupidamente como se percebesse, quando na realidade, podia perfeitamente estar a ouvir marciano. Se escapasse desta, não só nunca mais tocaria na bebida, como iria aprender português. Não perceber a língua era como estar por detrás das grades.

Alguém gritou pela porta e um dos agentes perguntou pelas chaves da carrinha. Robert entregou-lhas. Passada meia hora, um homem rechonchudo sem uniforme apressou-se com umas pastas, as chaves da carrinha, um litro de água e um saco de plástico. O homem colocou o saco no chão, a água e as chaves na mesa e emaranhou os papéis na secretária, enquanto falava com os outros dois polícias, mas sempre de olho em Robert. Robert tentou adoptar uma expressão preocupada e esconder o terror que sentia. Eventualmente, os dois polícias de uniforme foram-se embora.

– Ora bem, Senhor Robert *Leisester*?

Levantou o olhar.

– É assim que se diz?

– Leicester diz-se *Les-ter* – explicou Robert, sorrindo ao homem bastante obeso e careca.

– Como no clube de Leicester City?

Robert assentiu.

– Ah, esta língua inglesa. Como é que alguém aprende isto?

– Com dificuldade. Mas não é tão difícil como o português – disse Robert já mais à vontade. Isto estava a tornar-se numa conversa normal.

O homem mudou de tom, disparando contra ele.

– Então, Senhor *Roberte*, onde esteve ontem à noite?

Robert respondeu tão calmamente quanto possível.

– Na Praia da Rocha. Encontrei um fulano conhecido e fomos ao casino e depois a um bar na marina e perdi lá o meu casaco e passaporte.

– E o que é que bebeu?

– Três ou quatro caipirinhas – disse Robert. – Demais para poder conduzir por isso decidi ficar m Portimão.

– E onde é que dormiu?

Robert suspirou.

– No apartamento de uma pessoa que só conheci ontem à noite.

– É por isso que tem areia na roupa? – perguntou-lhe o homem.

Robert olhou para baixo para si próprio. Tinha areia na t-shirt e nos vincos das calças de ganga. Oh merda. Inalou profundamente pela boca aberta. Seria ilegal dormir na praia?

– Caminhei pela praia hoje de manhã e depois sentei-me por um bocado a ver o mar.

– Estou a ver. E enquanto esteve a ver o mar não se lembra de ter visto esta rapariga?

Mais uma vez, a imagem da rapariga loura apareceu de dentro da pasta.

Robert abanou a cabeça pensativamente.

– Não. Havia umas pessoas a passear os cães mas ninguém suspeito.

Para além de mim, pensou.

– Então OK, Senhor *Roberte*.

O homem pegou no saco de plástico e colocou-o em cima da mesa.

– Isto é seu?

Robert estava mesmo para negar quando viu o seu casaco preto.

– Sim – gritou. – O meu passaporte está aí?

Os seus dedos jogaram-se ao saco, puxou o casaco e aos ziguezagues procurou a parte da frente à procura dos bolsos.

– Sim, Senhor *Roberte*, está aí. Tem sorte.

Quando os seus dedos sentiram o passaporte no bolso do peito do casaco, exalou devagar, o alívio passando por ele como se alguém tivesse aberto uma torneira.

– Onde é que o encontrou?

– Foi-nos entregue hoje de manhã. Não tinha mais nada. Tinha dinheiro?

– Não, a carteira estava comigo.

O inspector olhou para o relógio na parede. Eram quase onze horas.

– Então, Senhor *Roberte*, pode ir. Mas beba esta água e no futuro não beba álcool se conduzir. Os meus agentes dizem que você cheirava a tasca esta manhã.

4. Para lá do mar

– O mar já te está no sangue, filho – disse Jorge em voz alta a sorrir para Mário que saltitava impacientemente à beira mar à espera que o barco do seu pai, o *Sereia*, cortasse pelo mar calmo como um bando de aves vindas de África.

O seu tio saltou para fora do *Fica Bem*, levantou Mário e colocou-o no barco por entre as cordas e redes da apanha do dia. O cheiro a peixe fazia as gaivotas grasnar e fazer investidas mesmo acima dele. Mário balançava de um lado para o outro fingindo estar no mar. Devia estar aconchegado na cama (daqui a pouco tinha que ir para a escola), mas adorava ir ao encontro dos pescadores que chegavam à praia depois de uma noite de pescaria. O sol lançou os primeiros raios de luz sobre a água mas ainda assim não conseguia ver o *Sereia*. Quem lhe dera estar no mar chapinhando na água, puxando as redes, escolhendo o peixe. O pai de Mário queria levá-lo, mas a mãe não deixava.

– Que bem é que lhe pode fazer? – dizia ela. – Eu já lhe disse que ele tem que aprender a ler, a escrever e encontrar um emprego para não ser pobre como nós.

Mário não queria saber ler nem escrever. Queria ser pescador.

– Não nos saímos assim tão mal – respondia o pai, esfregando a mão no cabelo. – Temos uma casa, luz, comida que chegue, roupa. Já houve tempos piores, não é verdade filho?

Mário acenava, enquanto a mãe continuava dizendo que a irmã tinha muito mais, por ser casada com o chefe de mesa no casino de Portimão. O pai resmungava que os empregados de casino também trabalhavam à noite – e não era só com peixe. Mário não percebia o que o pai queria dizer mas a mãe nessa altura calava-se.

O tractor acordou com um rugido arrastando-se pela praia em direcção a eles. O tio colocou-o na areia enquanto os outros homens vieram ajudar. A neblina da manhã fez com que Mário se arrepiasse. Correu atrás do tractor enquanto este arrastava o barco do mar onde os turistas nadavam durante o dia. As gaivotas vinham à boleia empoleiradas na proa. A tinta vermelha e verde do barco estava esfolada mas as letras pretas a dizer *Fica Bem* estendiam-se dos lados, enquanto uma bandeira verde e vermelha batia ao vento na sua haste, com o amarelo ao centro escondido.

Mário observou fascinado enquanto as redes eram desenleadas e os tabuleiros de peixe cheios de robalo e sargo a contorcerem-se, eram passados de mão em mão. Um casal de turistas foi meter o nariz e tirar fotografias. O seu tio Jorge não olhou para eles e continuou a trabalhar.

– Alguma coisa de jeito? – bradou António, o tractorista, para o seu tio.

– Cada vez é menos mas hoje não está muito mal. Uma corrente durante a noite conduziu um cardume de sardinhas quase para dentro do barco!

– Que sorte. Há sinal do Rui?

O seu tio apontou para o mar.

– Acho que é ele além. Houve uma tempestade repentina e o mar ficou agitado durante um bocado, mas nada de grave. Ele está aí não tarda nada.

Mário seguiu o dedo do tio para onde estava o seu pai. Se aquilo era ele não passava de um ponto no horizonte. Os olhos de Mário arregalaram-se. Tinha que ir para a escola sem o cumprimentar e depois tinha que passar o dia todo na escola. O tio atirou restos da pescaria para as gaivotas que gritavam como a sua irmã mais nova.

Um cesto de caranguejos a tentar sair do cesto foi passado de mão em mão, as suas patas como pinças.

– Eh, olha para isto! Nunca vi um tão grande.

Um polvo do tamanho de uma bola de futebol assomou-se de fora de um balde, as pernas todas enleadas.

– Que grande pescaria! Vais receber um bom dinheiro por isto.

– Às vezes o mar traz, outras vezes leva – disse o seu tio. – Hoje trouxe.

Na praça o tio negociou o peixe com os donos do restaurante.

– Vamos, Marinho – disse o tio. – A tua mãe vai ficar preocupada.

Mário deu a mão ao tio e permitiu que este o conduzisse pela rua estreita, chamada Rua dos Pescadores, até à pequena casa com barras azuis escuras, pintadas sobre a porta e em volta das janelas. Encontraram-se com Zé que descia a rua. O primo Zé era empregado de mesa no Paraíso, o melhor restaurante da aldeia. Todos os tios e tias concordavam que se tinha saído muito bem.

Trabalhava dentro de portas quando os céus estavam tão molhados como o mar, ganhava bom dinheiro e tinha uma coisa chamada pensão que era dinheiro que podia receber quando fosse velho. Mário não se imaginava a ser um homem velho, mas conseguia imaginar-se a trabalhar num restaurante entre quatro paredes e quarenta mesas, carregando apressado os pratos de comida e bebidas. Mário não queria isso. Queria estar sobre as ondas, entre o vasto azul do céu e o do mar.

– Bom dia, Zé – disse o seu tio.

– Bom dia. Oi Marinho – Zé pegou-lhe ao colo, rodopiou com ele e colocou-o de novo no chão. Mário ficou envergonhado: já estava crescido para ser rodopiado na rua como um bebé. O primo cheirava a tabaco e a Macieira. Quando Mário crescesse não ia fumar nem beber. Fazia as pessoas cheirar mal e fazer coisas parvas. O seu pai já não fumava nem bebia. Costumava fazê-lo, mas tinha parado quando o médico lhe dissera que o seu fígado estava franzido com um figo e que os pulmões estavam cheios de ferrugem como o interior de uma chaminé. O médico tinha-lhe mostrado as fotografias que estavam agora penduradas na parede da sala, como lembrança. Além disso, o seu pai dissera que muitos pescadores morriam quando estavam bêbedos. Bebiam até que caíam borda fora. Uma vida desperdiçada, dizia o seu pai.

– A noite foi boa? – perguntou o primo Zé ao seu tio Jorge.

– Não me posso queixar. Sim, foi uma boa pescaria ontem à noite. Mas foi uma noite estranha apesar de tudo. Houve uma tempestade repentina às três da manhã e uma ventania, que praticamente atirou um cardume de sardinhas para dentro do barco! Pouco comum para meados de Maio.

– Vi os relâmpagos no mar durante a noite – disse Zé.

– Ah, então a noite também foi boa para ti!

O tio piscou o olho a Zé.

– Quem é? A professora bifa que estava sempre à tua espera na pastelaria?

– Não, ela foi-se embora. O Paulo e eu fomos tomar umas bebidas depois do trabalho. Depois fomos a uma discoteca na Praia da Luz, mas a porcaria do carro dele avariou e tivemos que voltar a pé.

– A pé! Meu Deus! Talvez não seja boa ideia ir para a Praia da Luz com aquele sarilho todo que lá há. Aquilo está tudo cercado, não está?

Zé disse que sim com a cabeça.

– Queríamos ver como é que aquilo estava. A vila está apinhada de polícias e câmaras de televisão. Mas não houve problema: o carro avariou antes de lá chegarmos.

Mário agarrou-se com força ao casaco do tio. Toda a gente andava a falar da Praia da Luz recentemente, mas ninguém lhe dizia o que tinha acontecido. Tinha visto fotos de uma menina na televisão, mas não sabia o que lhe tinha acontecido.

– Muita gente foi mandada parar. Tiveste sorte do carro não ter sido apreendido. Sim, Marinho, vamos já.

– Acho que não faria muita diferença. Duvido que pegue outra vez. Bom, durma bem.

– E tu também.

O seu primo continuou o seu caminho, não andando muito a direito. O tio bateu com força na porta antes de a abrir.

– Paula, o Mário está aqui – bradou o tio para a sua mãe.

– Ah! Eu até tranquei a porta e dormi com a chave para ele não sair. Pensava que ele ainda estava na cama.

A mãe bateu-lhe na cabeça mas não doeu.

– Despacha-te para a escola e não acordes a tua irmã. Uma vez na vida, está a dormir. Vai aprender a ler e a escrever para que a tua mulher não tenha que passar as noites a preocupar-se contigo.

– Mas quero ir à pesca – disse Mário.

– A gente leva-te à pesca quando fores mais crescido – prometeu o tio. – Tens que aprender a ler primeiro. Já te disse: quando souberes ler levamos-te. Talvez nas férias do verão.

– Ele não devia andar a vaguear pela praia sozinho. Pode-lhe acontecer alguma coisa. Olha o que aconteceu aquela pobre rapariga na Praia da Luz.

– O que é que aconteceu? – perguntou Mário.

– Ninguém sabe o que lhe aconteceu – disse a mãe. – Mas desapareceu a meio da noite, como tu. Só que ela nunca voltou. Consegues imaginar a preocupação da pobre mãe? Agora vai mudar de roupa. E onde é que anda o meu marido hoje de manhã?

A sua mãe virou-se para o tio Jorge.

– Não percebo porque é que tem que ser sempre o último a voltar.

Mário ouviu outra vez a história dos grandes cardumes de peixe que tinham aparecido durante a noite enquanto vestia a roupa da escola. O tio foi-se embora e Mário comeu o Nestum e a torrada. Depois foi para a escola sozinho, uma vez que já tinha sete anos. Passou por um grupo de pescadores reunidos junto às redes.

Um carro grande e verde da GNR encostou e saíram dois guardas. Mário apostava que estavam à procura de um tesouro. Às vezes, durante a noite, homens vinham à costa com sacas que enterravam na areia. O pai tinha-lhe contado tudo sobre isso. Ou talvez estivessem à procura da rapariga que tinha desaparecido.

Antes de chegar à escola subiu à sua figueira favorita de onde conseguia ver o horizonte. Avistou o barco do pai a aproximar-se. Deitou-se nos braços da árvore e imaginou como seria cortar as ondas, o barco cheio de peixe a debater-se, o motor a crepitar gentilmente.

Na escola, Mário leu uma história de uma sereia que se apaixonou por um homem e desistiu de ser sereia para se tornar numa rapariga, apesar de isso ser como andar sobre vidros. Porque o homem não a amava, ela atirou-se ao mar e desapareceu na espuma. Talvez tivesse sido o que aconteceu à menina que desapareceu na Praia da Luz.

Mário saiu a correr da escola à hora de almoço e viu o tio Jorge sentado à beira de uma das grandes palmeiras que pareciam um chapéu-de-sol. Mário pensou que era estranho porque o seu tio nunca vinha à escola para o ver, mas talvez a professora lhe tivesse dito que ele já sabia ler. Talvez a novidade se tivesse espalhado. O tio chamou-o e levantou-se. Mário correu na sua direcção, cheio de entusiasmo.

– Vamos à pesca? – disse Mário enquanto o tio lhe pegava ao colo e lhe dava um beijo. – Hoje li uma história inteira! Já sei ler!

– Hoje não, Marinho.

As rugas negras na cara do tio, tinham chuva dentro delas. Levou-o ao colo até um ponto onde podiam ver o mar do alto do penhasco.

– Ainda és muito novo para perceber isto Mário, mas às vezes o mar traz e outras vezes leva.

O peito do tio estremeceu como o motor de um barco.

– Ontem à noite… levou o teu pai.

– Para onde? – perguntou Mário, confuso.

– Para o outro lado, Marinho.

O motor falhou outra vez.

– Lamento dizer que ele não vai voltar.

– Porque não?

Mário ficou a olhar para o mar. Fazia ondinhas como as coxas da sua mãe. Olhou fixamente para o mar negro e para a luz no horizonte e tentou espreitar para o outro lado, mas não via mais do que uma linha. Porque é que o seu pai não haveria de querer voltar?

– Encontraram o Sereia vazio. Deve ter caído à água e ter-se afogado.

– Mas ele não bebe!

– Oh, Marinho.

O tio escondeu a cara no ombro dele e não conteve o choro.

Tinha que haver um engano, pensou Marinho. Só os pescadores que bebiam é que caíam. O tio tinha que estar enganado. O seu pai não se tinha realmente afogado. Talvez tivesse cruzado o horizonte em direcção a África. Imaginou-se a navegar para lá do horizonte e a aproximar-se de uma praia de areia dourada, coberta de barcos com homens a puxar as redes, a fumar, falar, rir, a ver as sereias no mar. Mário iria lá, à procura do pai. Tinha a certeza que o iria encontrar.

5. O grande espantalho

Dona Maria olhou fixamente para as batatas. A terra estava toda revolvida. Caraças! Aqueles javalis outra vez. Estava farta: depois do pequeno-almoço iria fazer um espantalho para os afugentar. Entrou em casa e colocou água ao lume, mesmo na altura em que o telefone começou a tocar. Esperava que não fosse a filha.

– Mãe, já pensou no que lhe dissemos?

– O que é que me disseram? – respondeu Maria, sabendo muito bem o que era.

– Acerca de se mudar para Portimão. Pode ficar com a Alicia. Ela ficaria contente por ter companhia.

– Não sei, filha. Quem é que olha pela horta?

– Mas, Mãe, quem é que olha por si? Já não há aí ninguém na serra. Está sozinha, agora que o Jorge faleceu, a Zézinha se mudou para Monchique e a Lúcia para Portimão...

– O António ainda cá está – disse Maria de forma provocadora, apesar de ele e Ana, a sua mulher, terem ficado muito recolhidos depois do que aconteceu com a Serafina da Rua.

– Sim, mas ele ainda está longe e você não lhe fala.

– Bem, há os estrangeiros – disse Maria. – Mudaram-se há umas semanas atrás. Eu vi-os chegar com muitas caixas.

Olhou pela janela para a casa em frente construída de novo. Não havia sinal deles, mas ainda era cedo. Eles eram novos, muito charmosos com os seus cabelos louros. Já vinham à casa desde o Dia de Todos os Santos, mas só se tinham mudado depois de colocarem as janelas e as portas. Acenavam-lhe todos os dias e gritavam "Olá". Ela tinha-lhes levado as suas melhores couves e conversado com eles. Eles sorriam, mas não percebia o que diziam.

– Mãe, eles nem sequer falam português. Como é que fala com eles?

– Falando.

– Mas eles não percebem, pois não? Além disso eles são diferentes. Ouça, mãe, acho que se deve mudar e talvez vender a sua casa? A Zézinha fez uma fortuna com a venda da dela.

– Mas é a minha casa – disse Maria. – Vivi aqui a minha vida toda.

– Eu sei mãe, mas já tem setenta e oito anos e é perigoso viver sozinha. Pense nisso, por favor.

Maria pensou nisso nessa tarde sentada a olhar fixamente para a Fóia, ainda verde no topo, com torres e antenas, uma das quais parecia um cone de gelado. À sua volta as casas tinham-se desmoronado ficando num monte de pedregulhos. Não tinha levado muito tempo. Neste lugar, o sol queimava como carvão em brasa, a chuva caía como se fosse mijo do diabo e o vento assobiava como uma matilha de lobos a correr pela serra abaixo. E ainda assim, há apenas umas décadas atrás, a pequena aldeia tinha famílias com crianças a gritar e a brincar, animais a grunhir, a ladrar e a zurrar.

Foi depois dessa coisa da Revolução que o mundo que conhecera começou a desaparecer: os mais novos foram primeiro, dizendo que podiam ter uma vida melhor nas vilas e cidades, depois os animais morriam ou eram vendidos e por fim a sua geração saiu mancando – os que não tinham já batido a bota. Ainda a semana passada, a Lúcia do Moinho vinha e sentava-se com ela à sombra da casa. Agora, que ela se tinha ido embora, já não restava mais ninguém. A sua filha tinha razão, mas ela não conseguia viver em mais lado nenhum. Aquelas serras reflectiam a sua vida.

Lá em cima, um caminho velho ia até à escola primária, nos agora abandonados terraços da Fóia, onde as suas filhas costumavam ir à escola. Aos domingos, toda a família ia a pé à missa em Monchique. Levavam duas horas. Saíam ao nascer do sol e voltavam ao sol-posto. Às vezes, Maria levantava-se muito antes da madrugada e cozia pão para vender na vila. Carregavam o burro e arrastavam-no com eles.

– Seria mais fácil se fosse eu a carregar tudo – resmungava o marido quando o burro lhe dava a veneta.

Tanto ela como o burro olhavam para ele e desatavam a rir, não acreditando que tal fosse possível.

Mesmo acima dela à esquerda, ficavam as ruínas de cor vermelha, onde costumavam acontecer os bailes da vila. Toda a gente se reunia e se vestia a preceito. As mulheres falavam, as crianças brincavam, os homens bebiam medronho e toda a gente dançava ao som do velho acordeão do Romeu. Quando era nova tinha dançado com Martinho, o seu marido, e também com outros homens. Claro que, naqueles tempos tinha que haver cuidado. A sua prima mais velha, a Serafina da Rua, tinha feito mais do que dançar com o António por detrás da fábrica. António era o vizinho com quem Maria não falava, mas naqueles tempos, ele era um homem bem-parecido que tinha acabado de voltar da Alemanha com marcos. Tinha-se casado com Ana mas na noite do baile ela estava doente. Serafina sempre tinha gostado de António e deve ter-se deixado seduzir pelo luar de prata…ou pelos marcos.

Um velho rival da família tinha-os visto juntos e ameaçou denunciar António se este não fosse generoso. António ofereceu-lhe um porco, mas para ter a certeza que os rumores acabavam, disse a toda a gente que Serafina da Rua andava a roubar galinhas para os comunistas. Era óbvio que tinha sido uma raposa, mas ninguém disse nada e uma noite a Serafina foi presa e levada dali, em silêncio.

Passaram anos até Maria ouvir dizer que Serafina era empregada doméstica numa casa em Lagos, onde ainda trabalhava, apesar de estar já na casa dos oitenta. Nunca mais voltara à pequena aldeia. A partir daí Maria raramente falava com António ou Ana, mas ele tinha-lhe dado uma garrafa do seu medronho no natal passado. Já se tinha passado tudo há muito tempo.

Hoje em dia, António era o único deste lado da serra a fazer medronho com morangos silvestres. E bem bom! Todos os homens costumavam fazê-lo e tornava-lhes os olhos vermelhos e enevoados e as suas vozes soavam como gatos. O seu marido estava sempre bêbedo. Uma vez tinha ido à procura dele e encontrou o chapéu no caminho. Ele estava estendido inconsciente debaixo de um arbusto. Deixou-o ficar. Estava bêbedo até quando morreu. Nunca souberam do que tinha morrido mas ele insistia em beber vários copos de medronho por dia. Queixava-se de dores de estômago e recusava-se a comer o pão dela, o qual dizia ele, lhe causava indigestão. Que tolice. Era mais provável ter sido o álcool que o matou.

Já nessa altura a filha tinha tentado que ela fosse para a cidade.

– Está a ver mãe, nem tem um médico aqui perto. Ele podia ter vivido mais tempo se tivesse.

Maria não sabia se ele quereria viver mais tempo: Deus obviamente que não quis. Pelo menos ele tinha morrido em casa.

Tinham duas filhas, que tinham sobrevivido e dois rapazes que morreram à nascença. Aparentemente ela própria tinha tido sorte em sobreviver quando deu à luz um bebé sem vida. Tinha sangrado demais. Tinha sido a mãe da Lúcia que tinha feito de parteira e lhe tinha salvado a vida. Claro que isso já não acontecia hoje em dia, se se vivesse numa cidade com hospitais e médicos.

As filhas, como toda a gente, tinham deixado a casa logo que puderam. Aprenderam a ler e a escrever, a conduzir, arranjaram empregos, apartamentos e maridos. Uma vivia em Portimão, a outra em Lisboa. Agora os filhos delas tinham crescido e um estava em Coimbra e outro na Alemanha. Vivem todos em cidades. Recordava-se da primeira vez que a filha a tinha levado ao cubículo, lá muito no alto, no céu de Portimão.

– É tudo muito limpo e civilizado – disse-lhe a filha.

– Não é nada como os montes.

Maria arregalou os olhos de espanto com as pequenas luzes e ecrãs, com o chão de mosaicos brilhantes, os sofás de pele, frigoríficos em armários, máquinas que lavavam roupa, casas de banho com torneiras de prata e toalhas macias, mas passado pouco tempo, olhou lá para fora pela janela, para os outros blocos de apartamentos e sentiu-se encurralada. Não havia ar. Toda a terra estava coberta de betão. Não havia onde semear hortaliça. A filha tinha-se rido dela.

– Para quê suar e labutar no campo quando pode ir a uma loja?

Maria tinha experimentado as hortaliças da loja e pela primeira vez o caldo verde que fez sabia a água podre, a carne parecia borracha e as batatas-fritas eram moles. Além disso, a sua filha estava a ficar muito gorda com os produtos da loja, o que a fez lembrar que ainda tinha que fazer um espantalho para afastar os javalis das suas batatas.

Levantou-se e foi até ao lado da casa onde tinha alguns anexos exteriores no qual cortava lenha para a lareira. Encontrou dois ramos longos e fixou-os um ao outro. Depois entrou na cozinha escura, a lareira que tinha acendido logo cedo ainda crepitava, levou um garrafão de água vazio que os estrangeiros deitavam para o lixo todos os dias e cortou-lhe o topo. Fez buracos para três cenouras e mais uns buracos nas bordas pelos quais roscou duas latas vazias de *Seven-up*. No armário do quarto encontrou um casaco e um boné preto velho que tinham pertencido ao seu marido. Levou tudo lá para fora e vestiu os ramos com o casaco colocando o garrafão no alto. Enfiou pedrinhas pequenas nas latas de *Seven-up* para que fizessem barulho com o vento e finalmente atou sacos de plástico nas extremidades dos ramos para que fizessem de mãos. Como toque final, colocou o chapéu de Martinho no garrafão. Por momentos, sentiu as lágrimas a picarem-lhe os olhos; até a cenoura se parecia um pouco com o nariz dele. Depois carregou o espantalho pelo campo de batatas e espetou-o no chão, no caminho entre a sua casa e a dos estrangeiros.

– Ficas aqui Martinho, – disse ela – para assustar os javalis.

Colheu umas ameixas e foi-se sentar junto ao canal, perto do tanque de água, para as lavar. Tinha que regar mais tarde. Tinha o equivalente a dezasseis horas de irrigação por semana, mas agora não havia ninguém a olhar pelos canais. A sua filha achava que os estrangeiros não iam perder tempo com isso, mas como é que eles podiam fazer crescer alguma coisa sem água? Iriam precisar de muitos garrafões.

Ouviu passos atrás de si e virou-se para dar de caras com duas pessoas altas e louras a caminhar em direcção a ela, apontando para o espantalho. Estavam claramente impressionados. Levantou-se e foi cumprimentá-los.

– Estava agora mesmo a lavar-lhes umas ameixas – disse ela. Apertaram-lhe a mão para baixo e para cima e disseram "boa tarde". Tinham quase o dobro do tamanho dela e ambos vestiam calças de ganga azuis, blusas sem mangas e botas robustas de cabedal. Não lhes fazia mal serem um pouco mais cheiinhos, mas à parte disso eram muito bonitos. Ajustou a aba do chapéu de feltro preto e ajeitou o avental sobre a saia. Teria calçado umas meias se soubesse que eles iam aparecer.

– Peço desculpa, estou cheia de pó. Sentem-se, sentem-se – disse dando-lhes uns bancos.

Eles não pareciam querer sentar-se, andando de um lado para o outro como borboletas gigantes, até que finalmente se sentaram. Ah, pensou, tenho novos amigos! São uns anjos! Já não tenho que ir para Portimão. A mulher segurou-lhe na mão e disse, "Beca" ou "Beco"? Um beco sem saída? Apontou para o espantalho outra vez e fez um corte no ar entre a terra deles e a dela. Será que precisavam de acesso? Confusa, Maria disse-lhes que era para assustar os porcos selvagens, os javalis. Agora era o senhor que falava, mas não fazia sentido nenhum.

– Como é que mantêm os porcos afastados na vossa terra? – perguntou Maria, mas não percebeu a longa explicação nas suas línguas esquisitas. Então, o senhor mostrou um livro brilhante, da cor do céu, mas não havia imagens na página que lhe mostrou. Só palavras. Abanou a cabeça e disse-lhes que não sabia ler e foi lá dentro buscar chouriço e um pouco de medronho do António. Não queria que a pensassem mal-educada. Arranjou um caixote e colocou nele a sua melhor bandeja de plástico e copos, rodelas de chouriço e pão (infelizmente não era fresco) e vazou o medronho. O homem tentou dizer que não, mas Maria insistiu.

– Aos novos vizinhos! – disse Maria, segurando num copo.

Fizeram um brinde, beberam o medronho e sorriram (bem, fizeram uma careta). Mas isso era normal com o primeiro copo.

Maria pegou no prato de chouriço e ofereceu-lhes. Abanaram a cabeça. Maria disse que era bom o chouriço, mas mesmo assim não tiraram. Tentou oferecer-lhes mais medronho mas também não quiseram mais. No entanto levaram as ameixas e foram-se embora a dizer "boa tarde" e "obrigado". A senhora apontou outra vez para o espantalho e juntou as mãos como que a rezar. Talvez ela quisesse um? Mas eles não tinham nada semeado. De qualquer modo estava mesmo em frente à casa deles portanto também ia afastar os porcos deles. Levou a bandeja de volta para a cozinha com o coração apertado. Pelo menos tinham vindo visitá-la.

Depois de ter despejado o tanque para a terra e de se ter certificado que a água estava a correr pelos canais, foi a casa e procurou a agenda com os números de telefone. Encontrou o número da filha e marcou o número.

– Fico contente por ter telefonado, mãe. Já pensou no que falámos hoje de manhã? Tenho um agente imobiliário que pode ir aí ver a casa quando quiser.

– O que é um agente imobiliário? – perguntou Maria.

– É uma pessoa que vende casas.

– Não sei, filha. – Fez uma pausa. – Os estrangeiros vieram visitar-me hoje.

– Que bom. E do que é que falaram?

– Hm. Não falámos muito.

– Não?

– Não, foi muito estranho. Ofereci-lhes chouriço mas não quiseram comer.

– Se calhar já tinham almoçado.

– Foi ao fim da tarde.

– Bem, se calhar são vegetarianos.

– *Vege...* quê?

– Vegetarianos. Sabe, aquelas pessoas que não comem carne.

– Não comem carne? Há pessoas que não comem carne?

– Muitos dos estrangeiros não comem carne, mãe. Já lhe tinha dito que eles eram diferentes. Não gostam de matar animais.

– Então o que é que fazem com eles?

– Não sei. Se calhar não têm nenhuns, ou têm?

– Não.

– É também por razões de saúde. Aposto que não são gordos, ou são?

– Não – disse Maria. Talvez a sua filha fosse um desses *vege* qualquer coisa. – Então o que é que lhes faço para o almoço?

– Legumes.

– Só legumes? Mas vão pensar que sou mísera?

– Não vão nada. Cozinhe só uns legumes com tomates ou coisa do género.

Maria comeu um pouco de sopa que tinha feito no dia anterior e foi para a sala de estar. No armário, decorado com um naperon de renda que a sua mãe tinha feito quando era mais nova, estava uma fotografia a preto e branco dela com Martinho, a sua mãe e as duas filhas, há cerca de cinquenta anos atrás, tirada à porta de casa. O burro estava ao fundo. O grande malandro.

Ligou a televisão. Podia viver perfeitamente bem sem essas máquinas que lavavam e cozinhavam, mas não conseguia imaginar a vida sem televisão. Quem quer que teve a ideia de enviar imagens através de uma caixa devia ser proclamado santo. As filhas tinham-lha comprado depois de o marido morrer, há quinze invernos. Uma boa companhia, por sinal, especialmente porque tinha sido uma das primeiras a ter uma e os vizinhos iam lá todos para ver televisão.

Estava a dar o telejornal da noite. Fotografias de uma menina muito bonita que tinha desaparecido enchiam o ecrã. Os pais estavam a sair de uma igreja a segurar uma flor. Eram muito bonitos, como os seus novos vizinhos: altos, louros, olhos da cor do céu, tristes como os de um cachorrinho, mas a mãe não chorava nem gritava. Diziam que era porque era inglesa. E médica. Maria não se conseguia imaginar a aguentar toda aquela dor dentro dela. Pobre senhora. Pobre criança. Quem poderia tê-la levado? Já tinha passado mais de um mês. Quem poderia ter feito semelhante coisa a uma menina pequena? Até lhe custava pensar nisso. Maria mudou de canal para ver o Dança Comigo onde Cecília da telenovela Ilha dos Amores estava a dançar uma valsa. Rodopiou, fez uma pirueta, parou e girou à volta do homem como uma libelinha. Ia ganhar.

No dia seguinte de manhã cedo Maria levantou-se e depois de tirar uns tomates do congelador foi até ao pedaço de terra onde tinha as batatas plantadas. Parecia que os javalis não tinham estado por ali durante a noite. Tinha havido vento e as latas tinham chocalhado a noite toda, fazendo uma grande algazarra.

– Ah! – pensou, satisfeita, o seu grande espantalho tinha resultado. – Vais ver, Martinho, finalmente fizeste uma coisa de jeito.

Carregou alguns troncos para ao pé da porta e cortou-os para a lareira. Acendeu-a e colocou uma panela de água a ferver. Depois voltou lá fora e preparou-se para pulverizar a horta. Carregou os químicos às costas e borrifou as couves e os feijões: estavam quase bons para colher.

Já estava calor quando foi para dentro. Fez uma caneca de café e comeu uma torrada. Os bocadinhos meteram-se entre os dentes postiços e por isso teve que os tirar e limpar. Lavou a cara, penteou os cabelos brancos, ajeitou uma madeixa da franja e pôs o chapéu. Depois voltou para a cozinha, colocou mais lenha na lareira e começou a cortar os legumes. Mesmo com a lareira a arder, a cozinha escura estava fresca comparada com o calor que fazia lá fora. As filhas costumavam dizer-lhe para pôr mosaicos no chão, mas gostava como estava. Mantinha a cozinha fresca. Tinha mosaicos nas outras divisões e luz, claro, e água quente na casa de banho. O marido até tinha arranjado um chuveiro há muitos anos atrás pendurando um balde com buracos no tecto. A filha queria colocar um chuveiro como devia ser, mas Maria gostava do balde. Lembrava-a de Martinho.

Enquanto os legumes ferviam, foi lá fora e ao calor do sol caminhou por ali acima até à casa dos estrangeiros, cumprimentando Martinho pelo caminho. Há muitos anos atrás a casa deles tinha pertencido aos pais dela, mas tinham-na dado ao seu tio em troca de uma nascente. Os netos do tio tinham-na vendido o ano passado. Pensavam todos que iam ficar ricos, mas Maria ouviu dizer que quando dividiram o dinheiro pelos sete, pagaram à pessoa que vendeu a casa e aos advogados, quase que não sobrou nada. Também não tinha restado muito da casa, mas estava virada a nascente e agora estava pintada de um branco luzidio. A sua mãe disse-lhe que tinha nascido ali. Ela não se lembrava, obviamente, mas lembrava-se de subir com os primos à figueira velha que ficava em frente.

– Bom dia – chamou.

A senhora estava a pintar em volta das portas e janelas. O marido apareceu vindo da cozinha com duas canecas na mão. O Martinho nunca lhe tinha feito café.

– Bom dia – disse a senhora.

Tinha um salpico de tinta azul na face, da mesma cor dos olhos.

– Fiz almoço para vocês se quiserem. Lamento mas são só vegetais porque a minha filha disse que eram *vege*-não-sei-quê.

– Peço desculpa mas não percebo – respondeu a senhora em inglês.

Maria falou mais alto.

– Almoço? – repetiu a senhora.

Maria acenou a cabeça com força e fez um gesto para que a seguissem, mas eles estavam a falar um com o outro sem se perceber nada. Abanaram a cabeça e disseram "desculpe" e "Monchique".

– Ah bom, não faz mal, fica para outra vez.

A senhora apontou outra vez para o espantalho.

– Vê? Resultou. Nada de javalis! – disse Maria triunfante.

Pensou que a senhora teria dito que fazia muito barulho. Maria acenou satisfeita.

– Tal e qual como o meu marido costumava fazer! – acrescentou, mas não lhe pareceu que a senhora tivesse percebido, já que franziu a testa e voltou para dentro para pintar as portas.

– Peço desculpa por incomodar, então – disse Maria. – Talvez noutra altura. Uma boa tarde para vocês.

Maria voltou para a panela de legumes ao lume e foi cortar pão mas não encontrava a faca. Cortou com uma pequena faca para cortar hortaliça. Ia comer pão e chouriço. Sentou-se na cozinha para comer com a porta aberta. O Jeep e a carrinha ainda estavam ali e ainda lá estavam quando lavou os pratos. Talvez tivessem mudado de ideias. Pôs a tampa na panela e dirigiu-se mais uma vez caminho acima. Soprava um vento quente. As latas no grande espantalho faziam uma barulheira a chocalhar. Caraças. Se se levantasse vento podia queimar as couves.

– Trouxe-vos almoço caso não vão à vila – disse Maria, entregando a panela. A senhora parecia desconfiada.

– Vegetariana – respondeu.

– São só legumes – Maria levantou a tampa para lhe mostrar.

A senhora cheirou a comida e os seus olhos sorriram.

– Obrigada, obrigada.

– De nada – disse Maria. – Não é nada de especial. Bem, então, até logo.

A porta fechou-se atrás de si e voltou para casa. Ia ver um bocadinho da telenovela Ilha dos Amores e dormir uma sesta. Depois, quando estivesse mais fresco, iria colher os pepinos e as alfaces. Tinha que se lembrar de tirar a galinha do congelador e de preparar o fermento. A sua filha e o genro iriam chegar logo de manhã. Quando colocou a mão no congelador, sentiu qualquer coisa cortar. O dedo estava em fogo. Espreitou para dentro do congelador e viu a faca do pão reluzente em direcção a ela. Retirou rapidamente a mão e viu sangue a pingar do dedo. Caraças! Devia ter lá deixado a faca quando estava a abrir o saco dos tomates. Apressou-se a ir lá para fora e colocou o dedo por baixo de água corrente. A água corria vermelha. Rasgou um pedaço do avental e atou-o em volta do dedo, esperando que estancasse o fluxo. Foi lá dentro à procura de uma ligadura, mas não encontrou nenhuma por isso rasgou um grande par de cuecas. Removeu o pedaço de pano, colocou um pouco de medronho sobre o corte e atou o dedo outra vez.

– Mãe, deixe-me ver, o que é que fez à mão?

A sua filha tinha acabado de aterrar na cozinha e já estava de roda dela, a dizer-lhe que não estava capaz de cuidar de si própria. E se tivesse caído?

– Não caí. Só cortei ontem o dedo na faca e a ferida abriu durante a noite. Agora tenho que ir lavar os lençóis.

– Deixe-me ver. Porque é que não pôs uma ligadura?

– Não encontrei nenhuma.

– Porque é que não pediu aos seus novos vizinhos? – continuou com voz alta e autoritária. A filha trabalhava no Centro de Saúde de Portimão e estava habituada a gritar com as pessoas. – É um corte profundo.

– Não quis incomodá-los.

– Está a ver? – disse a filha, com ar de sabichona. – Espere aqui. Tenho pomada anti-séptica no carro.

A filha limpou o corte, besuntou-o com um pouco de creme anti-séptico e colocou uma ligadura como deve ser. João, o genro, começou a acender o lume no forno do pão. Maria sentou-se na cozinha escura com o dedo a latejar enquanto a filha amassava o pão.

– Vi a Lúcia no outro dia – disse a filha.

– Como é que ela está? – Maria sabia o que a filha ia dizer e estava determinada a não cair na armadilha.

– Está a adorar. Vai à missa, visita os amigos…

– Que bom – disse Maria.

– Sim. E disse que nunca foi tão feliz.

Maria estava baralhada. Lúcia nunca diria tal coisa, ou diria? Foi lá fora para ver se o lume estava a arder bem. João estava a pôr mais paus.

– Está quase – disse ele.

A filha saiu com um tabuleiro cheio de grandes bocados da massa do pão, os quais foi colocando, um a um, dentro do forno com uma pá. Depois esfregou os lençóis e lavou também alguma roupa que tinha trazido de Portimão. Até a filha dizia que as máquinas não conseguiam pôr a roupa tão limpa como a água fresca e o sol da serra. Depois passaram o resto da manhã a cavar, podar e a adubar. Maria apanhou alguns feijões enquanto a filha preparava o frango com piri-piri.

– Vou levar pão aos estrangeiros – disse Maria.– Eles ainda não usaram o forno do pão.

– Aposto que não vão gostar – disse a filha. – Eles gostam de pão de forma.

Que parvoíce, pensou Maria, enquanto tirava a primeira fornada. O cheiro do pão acabado de fazer e do carvão, saía do forno às baforadas. Toda a gente gostava do pão dela (bem, excepto o Martinho quando estava a morrer) mas ele não contava. Bateu em todos os pães e devolveu dois ao forno por ainda não estarem prontos. O resto levou para a cozinha. Envolveu um pão num pano e lá foi caminho acima até à casa. Não havia ninguém por perto, mas o Jeep e a carrinha ainda lá estavam. Maria espreitou pela janela mas não via ninguém, por isso bateu. A senhora apareceu de camisa de dormir.

– Peço desculpa por incomodar, mas trouxe-lhe um pão – Maria levantou o pano para lho mostrar.

– Pão? – respondeu sorrindo. – Ah, obrigada.

– Não é dos melhores que tenho feito. É difícil manter o forno quente o suficiente, mas não está muito mau.

– Obrigada.

– Bem não quero empatá-la.

Maria foi-se embora. A porta fechou-se atrás dela. Onde a terra não tinha sido regada a erva tinha-se tornado palha e a terra seca estava solta como migalhas. Pelo menos o vento não tinha aumentado durante a noite.

– Ainda estavam a dormir? – perguntou a filha.

– Sim – disse Maria. – Trabalham até tarde.

À uma da tarde, sentaram-se todos à sombra, nos bancos por baixo da figueira, para comer o frango com piri-piri, batatas-fritas, salada, pão acabado de fazer e azeite. João abriu uma garrafa de vinho tinto e Maria algumas garrafas de *Seven-up* para adicionar ao vinho.

– Os estrangeiros vão sair – disse João. – Belo carro. Um *Discovery* quase novo.

Estavam a entrar no Jeep branco.

– Até logo! – gritou Maria, acenando-lhes da mesa.

Eles acenaram de volta.

– Ela é muito bonita – disse a filha.

– Sim – disse Maria. – Ele também não é mau.

– Têm filhos?

– Ainda não – disse Maria. – Vai ser bom quando tiverem.

Enquanto estavam a lavar os pratos a filha começou outra vez. Maria respirou fundo.

– Mas mãe, é perigoso ficar aqui sozinha. Não há aqui ninguém para a ajudar. Está esquecida e não quero que se magoe.

– Não me magoo – disse Maria zangada por a filha a estar a tratar como uma criança.

– Então e a faca?

– Isso foi um acidente.

– Por isso mesmo.

– Não quer ter amigos à sua volta?

Maria sentiu a sua determinação esvair-se e antes de eles se irem embora concordou que a podiam vir buscar na quarta-feira à noite e ficaria com a Alicia, irmã do João, que estava só desde que o Zé tinha morrido. Em troca, prometeram que a traziam de volta todos os fins-de-semana. Maria suspirou quando acendeu a televisão. Descalçou as botas que Martinho lhe tinha dado um ano antes de morrer. Já não precisaria delas por muito mais tempo. Sabia que ia morrer na caixa de betão erguida em direcção ao céu.

Quarta-feira amanheceu e apesar do céu azul e das sombras da manhã no verde da serra, Maria sentia uma grande tristeza.

Limpou a casa e levou um saco de plástico para os contentores do lixo.

Voltou à horta, pegou na enxada e cavou um bocado de terra ao fundo do terraço de baixo que já não usava para semear desde que Martinho morrera. Não demorou muito para começar a suar, à medida que o sol subia acima da serra e teve que parar. Descascou uma laranja e sentou-se à sombra da figueira, fechando os olhos, ignorando a mosca que zunia em volta dela.

– Bom dia.

Maria abriu os olhos e viu a senhora, oscilando acima da sua linha de visão. Levantou-se e piscou os olhos.

– Almoço? – disse a senhora.

– Almoço? – repetiu Maria.

– Sim. Nós fazer. Aqui. Uma hora. Pode ser? – a senhora bateu no relógio.

– Pode ser – disse Maria confusa.

A visão desapareceu. Mas eles vinham para almoçar! E ela tinha aprendido a falar. Afinal, talvez não tivesse que morrer num cubículo de betão. Já tinha pouco tempo. Maria tinha acabado de pôr as batatas no óleo quando os vizinhos apareceram à porta com uma panela.

O senhor ficou ali a segurar uma garrafa de vinho tinto e um pão castanho estranho com sementes.

Maria olhou para o arroz a deitar fumo e o prato de vegetais com beringela. Cheirava a coentros, os seus preferidos.

– Estou a fritar umas batatas e a fazer uma salada.

Deitou azeite sobre a alface.

– Lá fora? – perguntou a senhora.

– Não me importa. Podemos comer cá dentro se quiser? Está mais fresco.

Mas eles estavam já a caminho da mesa debaixo da figueira. O senhor encontrou os copos, facas e garfos, e estava a levá-los para a mesa. Depois foi buscar os bancos. Maria abanou a cabeça. O marido dela nunca na vida tinha feito isso. Olhou para o espantalho e disse:

– Vês, o que os outros homens fazem?

Tirou as batatas da panela e despejou-as num prato. Apesar dos seus protestos o senhor levou-as e aos pratos lá para fora. Em segundos, a mesa estava posta com comida e bebida e os seus dois anjos estavam no seu pedestal olhando para ela, expectantes.

– Comam, comam! – disse Maria alto. – Têm que ficar mais gordos!

Mas estavam de copos no ar na sua direcção.

– Aos vizinhos! – disseram eles.

– Aos vizinhos – retorquiu ela, sorrindo.

A sua filha estava errada; eles não eram diferentes, eles eram seus amigos.

Provou a beringela. Precisava de sal, mas não estava má. Não gostou muito do pão. Tinha muitas sementes e quase que não tinha crosta. Tinha sorte de ainda ter sobrado um pouco de frango com piri-piri que podia comer mais logo.

Depois de terem comido, Maria disse-lhes que ela tinha que ir viver para Portimão, mas que voltava. Talvez um dia pudesse voltar de vez. Talvez conseguisse persuadir a filha que agora ficaria bem ali.

– Vai embora? Para Portimão? Para sempre? – perguntou a senhora outra vez.

Maria encolheu os ombros. Não seria para sempre. O apartamento era no céu mas não era o céu. Tinha que ficar só por uns tempos. Talvez umas semanas.

– Que pena – disse a senhora, os seus olhos azuis tão abertos como janelas. – Então podemos tirar? – perguntou, apontando para o espantalho.

Maria pensou onde o quereriam por, mas claro, disse que sim. Os olhos sorriram para ela. Pediu-lhes que o trouxessem de volta quando já não precisassem dele porque os porcos podiam voltar e comer os legumes, mas eles estavam a tagarelar um com um outro nas suas línguas retorcidas.

Assim que se foram embora telefonou à filha.

– Não precisas de vir porque fiz novos amigos – gritou.

Mas a teimosa da filha insistiu e chegou exactamente quando disse que ia chegar.

Os seus novos amigos acenaram enquanto ela se sentava em silêncio no banco de trás do carro. Eles eram tão lindos. À medida que o carro passava pela casa, espreitou pelo vidro de trás e viu os braços de Martinho a acenar para ela enquanto os estrangeiros o retiravam e o levavam para uma pilha de entulho e vidros partidos. Estranho, pensou, os javalis não iam para aqueles lados. Observou em silêncio enquanto o espantalho era atirado para cima de uma porta velha partida. O nariz de Martinho bateu numa garrafa e caiu, o chapéu preto tombou na terra. Quase que sorriu antes de fechar os olhos e o carro ter começado a serpentear pela serra, até à cidade de blocos de cimento, junto ao mar.

6. Vida

Charlotte debruçou-se na cama, para levantar as persianas do seu apartamento no quarto andar em Portimão, para deixar que a claridade irrompesse pelas ranhuras da janela. Piscou os olhos e tapou a cabeça com o lençol (passados três meses ainda não se tinha habituado à intensidade da luz, cerca de oitocentas vezes mais forte do que a que brilhava no seu apartamento em Chelsea). Encontrou o seu telemóvel. Teve que o desligar às cinco da manhã porque Ed não parava de lhe enviar mensagens. Ao contrário de Rodrigo. Assim que o ligou ouviu um toque indicando três mensagens novas. Soltou uma gargalhada. Ele não ia desistir. As mensagens de hoje (ou melhor, as de ontem à noite) diziam: "Já estás a dormir? Gostei muito desta noite. xxx", "Já te disse que és a miúda mais deslumbrante que alguma vez conheci? xxx", "Pois és. Boa noite. xxx". O telefone vibrou na mão dela e entrou mais uma mensagem. "Já estás acordada borracho? E que tal se eu te levar a ti e às miúdas num passeio de barco?" Deu uma risadinha e abanou a cabeça olhando para o relógio. Meio-dia e meia hora. Ouvia a Vicky, ou a Sarah, a fazer barulho na cozinha. Uma voz como a da Shakira, estava a cantar qualquer coisa sobre ser ilegal partir o coração de uma mulher - era a Sarah.

Atirou o lençol para trás, sentou-se, abriu a persiana até meio e olhou com os olhos semicerrados para a luz ofuscante, até conseguir ver o triângulo brilhante de cor turquesa, através do espaço entre os prédios. Enfiou os pés nos seus chinelos azuis e brancos da *Neilson* e cobriu os braços com um roupão de seda azul, estampado com elegantes borboletas, que Rodrigo lhe tinha trazido do Japão. De seguida, palmilhou os mosaicos de cor terracota até à porta do quarto.

Sarah estava à porta, ainda a cantar, segurando uma caneca de chá.

– Oi, Charlotte. Aqui tens.

– És uma querida, obrigada.

– Então, Charlotte – chamou Vicky da sala. – Onde é que o Ed nos vai levar hoje?

Charlotte riu-se enquanto ela e Sarah se juntavam a Vicky, que estava deitada no sofá de pele preta, usando a sua camisola cor-de-rosa e um par de cuecas de renda. Óculos da Gucci afastavam-lhe o cabelo da cara e tinha uma cópia do jornal Daily Mail em cima da barriga. Vicky era três anos mais velha que Charlotte, tinha vinte e nove anos, mas ainda dançava muito bem.

– Bem, fomos convidadas para ir dar um passeio de barco – disse Charlotte, sentando-se num dos sofás pretos.

– Fantástico – replicou Sarah, batendo palmas. – Adoro barcos!

– Onde vamos?

– Não sei. Ainda não respondi. O que é que eu faço? – perguntou Charlotte, esticando as suas longas pernas na mesa de centro, admirando as suas unhas de cor carmim.

– Telefona-lhe para saberes! – respondeu Vicky.

– Não, sua idiota, o que é que eu vou fazer com ele?

– O que é que há para fazer? Ele é apenas um homem simpático. Não estás a fazer nada de errado, ou estás?

– Não – respondeu Charlotte. – Mas beijámo-nos ontem à noite.

Não tinha querido trazê-lo para o apartamento, com medo do que pudesse acontecer, portanto tinham ficado por ali no escuro, aquecendo a rua iluminada por lâmpadas de fraca intensidade e por uma cruz verde indicando uma Farmácia, mesmo à frente deles. Foi aí que ele a puxou contra ele. Era inevitável, disse ele, enquanto a beijava. Os seus lábios eram quentes, macios, nada exigentes. Ela segurou-lhe a cabeça entre as mãos e beijou-o de volta. Os seus corpos tinham-se aproximado mais, cada vez mais apertados um contra o outro, como se quisessem fundir. Teve que lutar para se libertar, diz endo-lhe que não podia.

– Fixe! – disse Sarah.

– E depois o que aconteceu? – perguntou Vicky com um sorriso maldoso.

– Disse-lhe pela milésima vez que não era boa ideia, que eu sou casada e que amo o meu marido. A mesma coisa que lhe tenho vindo a dizer durante as últimas três semanas.

– O que é que ele disse?

– Ele disse que não conseguia compreender como é que alguém casado comigo poderia deixar-me sozinha por mais do que um dia.

As outras duas raparigas ficaram em silêncio, segurando as suas canecas de chá. O que foi estranho foi que assim que Charlotte o disse em voz alta, ficou preocupada que assim fosse. Mas não podia ser. O Rodrigo era futebolista e precisava de treinar todos os dias. Tinha acabado de assinar pelo Milton Keynes Dons, uma equipa da segunda liga, mas que Rodrigo tinha a certeza que estava em ascensão. Ele não tinha querido que ela aceitasse este emprego: não precisavam do dinheiro e tinham um bom apartamento em Chelsea. Cerca de um mês depois de terem casado, Rodrigo tinha dito que ela devia parar de dançar: já dançava há vinte anos. Será que não lhe chegava? Por isso Charlotte tinha desistido do espectáculo do West End onde tinha

dançado durante dois anos. Os primeiros dois meses tinham sido como umas férias, mas depois começou a aborrecer-se e a engordar. De que lhe tinha valido ter trabalhado para ser bailarina desde os cinco anos se não podia dançar? Tinha apenas vinte e seis anos.

Por isso, quando a oportunidade surgiu, decidiu aceitá-la. Era só por oito meses, era em Portugal e Rodrigo podia apanhar o avião para a visitar por uns dias quando quisesse. Ele era brasileiro por isso sabia a língua, apesar de já viver no Reino Unido desde os onze anos. Disse-lhe que era uma coisa que queria muito fazer. Eventualmente ele concordou. Falavam um com outro quase todos dias. Ele estava a trabalhar muito e ela estava... bem, ela estava a viver os melhores tempos da sua vida. Este era o melhor trabalho de dança que alguma vez tinha tido. Rodrigo estava sempre a dizer que a vinha visitar, mas ainda não o tinha feito. Aliás, nem sequer tinha ligado ontem.

O telefone vibrou na sua mão mais uma vez. Pensou que pudesse ser Rodrigo, mas era outra vez o Ed. Leu a nova mensagem, consciente que um sorriso lhe estava a invadir a face corada.

"Então e se eu as fosse buscar às duas da tarde e fosse-mos fazer um passeio no mar? Damos um mergulho do barco, bebemos um copinho de champanhe, comemos umas ostras? xxx"

As raparigas deram um grito.

– Ele tem um barco? – perguntou Sarah, derramando o chá no sofá. – Fantástico!

– Não me parece – disse Charlotte, lendo de novo a mensagem para ter a certeza que não tinha lido mal. – Talvez ele se refira a um barco de turismo.

– Ainda assim – disse Sarah. – Iria ser bastante divertido. O que é que acham, raparigas? Nunca andei de barco. Venham, vamos arranjar-nos. É sexta-feira e não temos ensaio hoje à tarde. Podemos trazer uma muda de roupa connosco para o caso de termos que ir directamente para o trabalho. Vicky?

– Contem comigo, mas depende da Charlotte. É ela que tem que repelir o príncipe encantado.

– É mais um velho rei – disse Charlotte. – É doze anos mais velho que eu.

– Bem, já tens um mais novo – disse Vicky.

Sorriu quando o disse, mas Charlotte estava a ficar com a impressão de que Vicky não estava muito bem impressionada com o seu casamento com o Rodrigo.

– OK, miúdas, vamo-nos despachar.

– Estou pronta – gritou Sarah enquanto se esticavam graciosamente e se dirigiam para os seus quartos.

Às duas horas, os olhos escuros de cachorrinho de Ed. apareceram no sistema de videovigilância. Charlotte disse-lhe que iam descer num segundo. Um segundo mais tarde, estavam amontoadas no seu Land Rover Defender amarelo, que Sarah já tinha baptizado de "Mostarda", de malas ao ombro, óculos de sol no lugar e cabelos a cair pela cara devido à brisa que se fazia sentir entre os blocos de apartamentos.

– Hei miúdas, estão prontas para a melhor tarde das vossas vidas?

Charlotte sorriu para ele enquanto Sarah deu um "iupi". Era a primeira vez que Sarah saía de Inglaterra e tudo era novidade para ela. Era uma boa bailarina, boa demais para o espectáculo, pensou Charlotte, enquanto passava para o banco da frente. Mas Sarah, como a maioria, tinha escolhido este trabalho porque a levava a novos mundos, sem ter que recorrer a barcos de cruzeiro. Las Vegas era outro destino popular, mas havia muito mais strip-tease envolvido. No *Vida* Charlotte não se importava: fazia parte da história representando a reprodução e a vida, além disso, só tinham que tirar a parte de cima. Havia milhares de mamas nas praias. Qual era a diferença? Mas achava que não conseguiria fazer os espectáculos de Las Vegas.

Charlotte deu consigo a olhar para Ed com admiração. A sua pele suave, levemente bronzeada, luzia ligeiramente devido ao protector solar e parecia mais uma pele de criança do que a de um homem de trinta e oito anos. Tinha sido boa ideia rapar a barbicha e o bigode. O cabelo estava agora espetado e não tão curto como quando o tinha conhecido. Ele nunca parava de a surpreender. Em três semanas, tinha-as levado a fazer surf, a várias praias, à serra de Monchique para almoçar e andaram aos tombos no Mostarda nos estreitos caminhos da serra. Viram águias, cobras e ele tinha-lhes contado como tinha estado a ver uma ruína e deu de caras com um javali, tendo que correr para salvar a pele. Levou-as de carro depois do trabalho até à serra e mostrou-lhes as estrelas cadentes e a constelação de Orion. Levou-as a jantar a restaurantes caros em Alvor e Portimão, pedindo sempre peixe fresco e os melhores vinhos (apesar de elas não poderem beber muito antes do trabalho). Presenteou-as com flores, depois da actuação (rosas vermelhas para ela, cor-de-rosa e brancas para Sarah e Vicky). Tinham bebido champanhe a noite toda nos sofás do *Nikki's Beach.*

Numa tarde chuvosa tinha-as levado ao centro comercial e ao cinema da Guia, onde tinha comprado a todas brincos de lápis-lazúli (uma pedra linda da cor do céu para ela), "para combinar com os teus olhos", disse. Ele era bom demais para ser verdade.

A mão dele deslizou do volante para as suas pernas bronzeadas. Atrás dela, Sarah e Vicky estavam a falar aos berros sobre a próxima noite de lua cheia no *Nikki's Beach,* onde Jon J seria o DJ.

– Estás bem? – perguntou ele num inglês cuidadosamente articulado.

Por vezes o sotaque formal britânico vinha ao de cima, mas na maioria das vezes, os quinze anos que tinha passado em Nova Iorque e na Califórnia, tinham-no deixado com um sotaque Americano que Charlotte considerava ser uma lufada de ar fresco. Ele levantou os óculos escuros e olhou para ela. Havia preocupação nos seus olhos, como se realmente se importasse. Acariciou-lhe a perna delicadamente antes de voltar a pôr a mão no volante.

– Sim, claro – respondeu ela, a sorrir. – Estava só a pensar.

– Em mim, espero.

– Sim – disse ela.

– Até que enfim! – exclamou, com um sorriso matreiro, fazendo uma curva tão rápido que Sarah e Vicky tiveram que se segurar. Garrafas de champanhe rolaram de um lado para o outro no chão. Elas gritaram para que ele tivesse cuidado.

– Afinal de contas, onde está o barco? – perguntou Charlotte, vendo que estavam a dirigir-se para a EN125 e não para a marina de Portimão.

– Lagos.

– É teu?

– Não, pertence a um amigo meu, o Pedro. Vamos sair os cinco.

– Excelente – disse Charlotte, com um braço pendurado fora da janela do carro, enquanto cheirava os aromas a café e tarte de amêndoa das tardes de Portimão. A vida no Algarve, decidiu, era boa. Muito boa mesmo.

Chegaram a Lagos a cantar o "Mamma Mia". Sarah tinha participado na actuação do ano passado e como Ed só tinha uma estranha colecção de jazz no carro, elas preferiram cantar. O circo estava montado num terreno baldio antes da rotunda. Charlotte podia ver os lamas e os elefantes em cativeiros improvisados. Havia um grande cartaz com um homem de bigode e um tigre a saltar por dentro de um arco. Parecia uma imagem do século passado, ou do século anterior a esse.

– Olhem, podíamos ir ao circo um dia destes – gritou.

– Tens razão – disse Ed. – Eu ia sugerir isso mas os Britânicos são tão sensíveis ao uso de animais nos circos.

– Porquê? – perguntou Charlotte.

– Porque vocês acham que é cruel. Mas o que é que preferiam fazer: rastejar pelo Saara à procura de água ou fazerem vénias à audiência e darem um banho fresquinho todos os dias?

Ela encolheu os ombros.

– Eu prefiro andar de barco e beber champanhe.

Ed riu-se. Ela gostava de o fazer rir. Virou na rotunda junto ao Pingo Doce e estacionou por detrás da marina. Atropelaram-se ao sair do Mostarda. Charlotte ajeitou os calções azuis, do mesmo tom que os seus olhos e atirou o saco do Harrods da mesma cor, por cima do ombro (um presente de aniversário de Rodrigo). Ed encontrou um saco para o champanhe.

Pedro apareceu vindo de um restaurante, com um cigarro pendurado na boca e a carregar um balde e uma cerveja. Era mais alto que a maioria dos portugueses mas ainda assim era mais baixo que eles. Era bem-parecido com o cabelo descolorado pelo sol e olhos verde-água que Charlotte via muito por todo o Algarve. Filas de barcos azuis e brancos baloiçavam contentes enquanto descansavam nos pontões. Charlotte pensou em qual deles iriam. Pedro cumprimentou Ed como se fosse um amigo de longa data que não via há muito tempo e apertou a mão a todos. Depois falou com Ed antes de desaparecer por uma esquina da marina.

– Onde é que ele foi? – perguntou Charlotte.

– Foi preparar o barco. Está ancorado no cais M, no outro lado. Ele acha que é melhor comermos qualquer coisa leve antes de sairmos.

– E se fossem umas ostras? – perguntou Vicky atrevidamente.

– Bom, aparentemente não são bem ostras, mas foi-me dito que vamos adorar – disse Ed piscando o olho a Charlotte. – Mas é sempre melhor comermos qualquer coisa antes.

Sentaram-se à sombra numa das mesas na esplanada em frente aos barcos baloiçantes e pediram sumo de laranja natural e sandes. Claro que foi Ed que pagou e depois de comerem levou-as em volta da marina, passando por um centro de vela até ao cais M. Pedro veio e passou o cartão pela máquina para lhes dar acesso e lá foram a tagarelar pela passadeira flutuante até ao barco de borracha preto chamado *Storm*.

As raparigas riram-se quando o viram. Parecia um grande bote.

– Não se riam – disse Pedro. – Isto é um *Rigid Raider*, um ex-barco do exército. É o barco mais rápido da marina.

– Então, não temos que remar? – perguntou Vicky, sorrindo.

Estava bonita com os seus óculos de sol da Gucci, um chapéu de aba mole e um páreo que podia ser facilmente despido. O seu cabelo louro, molhado e deixado a secar, brilhava ao sol.

– Não, não têm que remar… muito.

Pedro piscou o olho a Vicky, acariciando-a com um sorriso.

Charlotte sorriu. Vicky não tinha tido muita sorte com os homens. Nunca tinha sido casada. Tinha tido uma série de namorados pouco interessantes e vários encontros desagradáveis aqui no Algarve. Um rapaz de Albufeira tinha-a levado para jantar uma noite, depois esperou que o espectáculo acabasse para que pudesse escoltá-la até a um hotel onde tinha feito uma reserva. Vicky recusou firme, mas educadamente, entrar no táxi com ele. Depois houve aquele idiota, o Robert, que Ed tinha encontrado há dois meses, que não a tinha largado a noite toda. Quando tinham tentado escapar-se, ele tinha agarrado na mala de Vicky e não a queria devolver, até que ela entrasse num táxi com ele. Por fim, entraram todos no táxi, dizendo que iam a uma festa na praia e deixaram-no ali a andar em círculos e a olhar para as estrelas.

Pedro ajudou-as a subir para o barco e sentaram-se nas filas de bancos, com instruções para se agarrarem ao varão em frente deles. Ed colocou o champanhe numa geleira e levantou um dos assentos para a colocar lá dentro. Pedro retirou a lona que cobria a consola perto da traseira do barco e depois passou-lhes coletes salva-vidas cor-de-laranja.

– Tem mesmo que ser? – perguntou Vicky.

– Se fores boa nadadora, claro que não.

As raparigas colocaram os coletes enquanto o motor *Yamaha* acordou com um rugido.

– Hoje o mar está calmo, não deve haver problema.

Pedro fez marcha atrás no pontão, com outra cerveja na mão. Charlotte achou que era extraordinário o número de cervejas que os homens portugueses bebiam durante o dia. Olhou para trás para Ed, que estava ao lado de Pedro, de braços cruzados. Não tinha colocado o colete salva-vidas mas estava bem "acolchoado" e provavelmente poderia flutuar durante uns dias. Sorriu para si própria.

O barco deslizou para fora da marina de Lagos, por baixo da ponte pedestre e passou pelas palmeiras que mais pareciam sentinelas. Centenas de pessoas caminhavam ou andavam de bicicleta na avenida junto ao rio; muitas com cães, carrinhos de bebé e crianças pela mão, outras estavam preguiçosamente sentadas no muro a ver passar a sufocante tarde de Julho. Gaivotas planavam parecendo aviões de papel, como se estivesse demasiado calor para baterem as asas. Mais ao longe, Charlotte fixou o olhar na Meia Praia cuja faixa de areal dourado em forma de lua se estendia até Alvor. Não havia qualquer mancha no céu.

– Agarrem-se raparigas.

Ed só teve tempo de se sentar ao seu lado antes do barco dar um salto em frente, com o motor arrancando ruidosamente, como se estivesse a ser estrangulado, em direcção ao horizonte. Sarah guinchava e todos sorriam impotentes à medida que o barco saltava no topo das ondas. Ed colocou o braço em volta dela e antes que ela tivesse tido tempo de pensar, já se estava a enroscar junto a ele. Sarah e Vicky acenavam a outros passageiros noutros barcos.

– Estás bem? – perguntou-lhe Ed.

– Estou óptima.

E estava. Não conseguia deixar de pensar que estava a viver os melhores tempos da sua vida. Pedro abrandou, para lhes mostrar a Ponte da Piedade, o farol empoleirado no topo e as formações rochosas (a cabeça do camelo, a chaminé e o olho do diabo). Ia levá-las às grutas, mas estas estavam cheias de barcos, por isso apressaram-se na direcção de África, voando por cima das ondas.

Finalmente Pedro abrandou e parou o motor para que pudessem baloiçar em silêncio na paisagem marítima ondulante, enquanto as ondas banhavam o barco.

– Penso que está na altura de nos refrescarmos – disse Ed, dirigindo-se para a geleira para tirar uma garrafa de champanhe.

Passou-lhes copos de plástico e abriu a garrafa. Era *Veuve Cliquot*.

– Não devíamos beber. Temos um espectáculo esta noite – disse Vicky hesitante, bebendo um golinho. – Mm! Saúde, Ed. Saúde, Pedro. Saúde, raparigas: a mais um dia maravilhoso.

Ergueram os copos, tentando não cair ao tentarem chegar aos copos uns dos outros. Pedro sorveu praticamente o dele.

– Adoro – disse Sarah, debruçando-se no barco e mergulhando os dedos na água. – Podemos nadar aqui?

– Provavelmente é melhor não ser aqui. Estamos muito longe da costa. Paramos no caminho de volta.

– Fazes sempre isto Pedro? – perguntou Vicky.

– Ah, sim. Sou um grande *playboy*.

Piscou-lhe o olho.

– Não, na verdade sou pescador e faço viagens turísticas deste género.

Pedro mostrou o balde que tinha levado há bocado para o barco.

– Isto são percebes, ou cracas. São como ostras. Comem-se assim – demonstrou como se comia, retirando-o da concha e todos tentaram.

– Que nojo! – disse Vicky. – Não são nada como ostras! Parecem mais lesmas com pintas.

Pela primeira vez, Sarah tinha encontrado uma coisa da qual não gostava muito. Charlotte era indiferente mas Vicky estava certa acerca das lesmas. Ed não conseguia parar de comê-los e abriu outra garrafa de champanhe. Enquanto estavam sentados a beber viram uma ondulação em forma circular como se um secador de cabelo gigante estivesse a soprar na superfície.

– Golfinhos a comer – disse Pedro.

– Golfinhos! Nunca vi golfinhos no mar – disse Sarah.

Charlotte também não. Olhou entusiasmada para a porção de água revolta.

Pedro fez arrancar o motor e foram navegando muito devagar, até ao local onde a água pululava como num caldeirão. De vez em quando uma barbatana fina de um golfinho arquejava dentro e fora do círculo.

– Lá estão eles! – gritou Sarah.

– Eles circundam os cardumes de peixe para que não possam escapar. Depois comem-nos.

Vicky atirou-lhes uns percebes quando Pedro não estava a olhar. Charlotte riu-se.

Na volta, Ed colocou o braço em volta dela e aconchegaram-se um no outro. Beijou-lhe a testa, depois a face e depois os lábios. Sabia que os outros estavam a ver mas não se importava. Pedro mostrou-lhes a baía da Praia da Luz e disse-lhes que tinha sido ali que a menina tinha sido raptada.

– O barco esperou aqui e depois levou-a para Espanha, ou talvez para Marrocos.

– Como é que sabes? – perguntou Vicky. – Foste tu?

Pedro riu-se.

– Não, não fui eu. Mas acho que foi isso que aconteceu. Existem muitos barcos de contrabando nestas águas.

Charlotte não disse nada. Toda a gente tinha a sua teoria.

Sarah queria ir nadar, por isso Pedro parou o barco numa enseada, onde a água era de um azul-turquesa muito escuro e tão calma como a de uma piscina. Ed apertou o nariz e deixou-se deslizar de costas para fora do barco e para dentro de água. Charlotte susteve a respiração. Sarah ba ixou os calções, despiu a t-shirt e deslizou para o mar, aos gritos, causando mais turbulência na água que os golfinhos.

– Está gelada! – gritou.

– Anda Charlotte – chamou Ed, flutuando de costas como se fosse um grande edredão.

Charlotte colocou os dedos na água. Estava gelada.

– Vicky?

– Nem pensar.

Vicky e Pedro acenderam cigarros e sentaram-se a fumar calmamente. Pedro bebeu outra cerveja de um trago.

Charlotte despiu os calções devagar e a t-shirt. Estava a usar o seu biquíni favorito, azul e preto, da *Next*. Sentou-se à beira do barco, baloiçou as pernas e entrou na água. O impacto da água fria foi mais forte que um *shot* de tequila. Ficou ofegante quando entrou na água, tentando manter-se à superfície com dificuldade.

– Está uma maravilha assim que te habituares – chamou Sarah.

Charlotte nadou até Ed e tentou usá-lo como se ele fosse um colchão mas afundaram-se os dois. Pedro atirou-lhes tubos *snorkel*, que colocaram. Charlotte enfiou a cabeça noutro mundo e esqueceu-se do frio logo que viu castelos de rocha debaixo de água, guardados por cardumes de peixes pretos e de um azul eléctrico. Ed nadou para junto dela, acariciando-lhe o estômago de vez em quando, fazendo-a estremecer. Já estavam a alguma distância do barco quando os seus dedos deslizaram por dentro do biquíni.

Quando chegaram a Lagos eram já seis horas da tarde e Ed transportou-as directamente para o casino. Podiam tomar um duche e mudar lá de roupa. Charlotte reparou que o seu telefone tinha três chamadas não atendidas do Rodrigo. Era de prever. Não lhe telefonava havia já dois dias e depois telefonava três vezes nas poucas horas que tinha passado no mar. Charlotte queria falar com ele mas não enquanto Ed estivesse por perto, por isso desligou o telemóvel. Assim que Ed as deixou na Praia da Rocha, ligou-o novamente, tendo tocado de imediato. Era ele.

– Oi, Rod, como vão as coisas? – perguntou friamente.

– Tenho estado a tentar ligar-te a tarde toda. Onde estás? – respondeu ele.

– Estou no casino. Porquê?

– Porque não atendeste as minhas chamadas. Onde tens andado?

– As raparigas e eu fomos dar um passeio de barco e não ouvi o telemóvel, ou talvez não houvesse rede. Desculpa.

– Ah – disse. – Não me disseste nada.

– Não e porque haveria de dizer-te? Não me ligaste ontem. Estou a dizer-te agora. Foi uma viagem fantástica. E tu? Estás bom?

– Sim, estou. Um pouco cansado. Tivemos ontem uma sessão de treinos de oito horas.

– Correu bem?

– Sim. Ganhámos contra o Chelsea num jogo amigável na segunda-feira à noite, no novo estádio.

– Isso é óptimo.

– Sim, o novo presidente do clube está a fazer uma grande diferença. Acho que nos vamos sair bem para a próxima época. – Fez uma pausa. – Como vai a dança?

– Está tudo a correr bem. Adoro estar aqui. Devias cá vir.

– Devia.

– Óptimo. Ouve, tenho que ir arranjar-me. Telefona-me amanhã Rod, OK?

– Charlotte?

– O quê?

– Estou aqui no Algarve. Estou à porta do teu apartamento. Queria fazer-te uma surpresa.

– O quê? Estás a brincar comigo?

– Não. Eu vou ver o espectáculo e depois vamos sair. Fiz uma reserva no Oriental.

Charlotte sentiu-se como se o barco se tivesse virado e ela estivesse presa por baixo dele, enquanto se ouvia a si própria dizer

"OK", antes de fechar o telefone com força. Sacudiu o corpo e correu para os vestiários. As raparigas olhavam expectantes para ela.

– O Rodrigo está cá, o Rodrigo está cá – disse quase histérica. – O que é que eu vou fazer? Está no mesmo hotel que Ed!

As bocas delas abriram-se antes de fazerem múltiplas perguntas, à maioria das quais ela não sabia responder. Não sabia quando é que ele tinha chegado, nem por quanto tempo ficaria. Não sabia como se sentia com o facto de ele aqui estar. Não sabia o que sentia em relação a Ed. Ed, Ed! Tinha que lhe enviar uma mensagem e avisá-lo.

Na altura em que a maquilhagem e o cabelo ficaram prontos estava pronta para o espectáculo, com o estômago feito num nó. Estava arrependida de ter comido as lesmas. Até o champanhe parecia que estava a fazer bolhinhas. Afrouxou a gravata do uniforme de menina de escola para o acto de entrada, respirou fundo e sorriu, com esperança de não vomitar. Rod só a tinha visto actuar uma vez e como se não bastasse não saber o que sentia em relação a ele, o facto de ele estar aqui estava a dar-lhe cabo dos nervos. Principalmente porque nunca lhe tinha contado que estavam praticamente nuas na última cena – não que isso importasse. Tinha-lhe dito que era um espectáculo no ar e que ela fazia parte do corpo de bailado, o que era verdade.

A audiência era maior do que o habitual. Na sua maioria eram homens, como de costume, apesar de haver também uma família portuguesa com duas crianças. Achava que isto não era apropriado para diversão familiar mas gostava que viessem famílias. Viu Rodrigo pelo canto do olho. Estava sentado numa mesa sozinho, a beber uma água. Estava a sorrir, os seus olhos escuros fixos nela. Ele era realmente muito bonito. Claro que Charlotte não se tinha esquecido disso, mas ali sentado com calças pretas e uma camisa escura, cabelo preto e curto, espetado e brilhante, parecia ainda mais deslumbrante. Sentiu o seu sorriso fingido tornar-se real e começou a relaxar e a divertir-se com a actuação. Ia correr tudo bem. Não tinha acontecido nada de mais entre ela e Ed. Faria com que nada viesse a acontecer. Entretanto, tinha este homem lindo, que era seu marido a visitá-la. Mal podia esperar que o espectáculo acabasse.

Depois das bailarinas terem feito duas vénias à audiência e saírem a correr, as artistas de espectáculo aéreo e os dois Ivans fizeram as suas vénias. Charlotte retirou a sua maquilhagem de palco, lavou-se e vestiu as suas calças brancas de estilo descontraído que tinha trazido consigo, um top curto vermelho que mostrava o umbigo e uma camisa de seda branca. As outras raparigas desejaram-lhe sorte.

Apressou-se então para se encontrar com Rod, que estava à sua espera à porta do casino. Beijou-a levemente nos lábios e nem sequer lhe disse que estava bonita, mas pegou-lhe na mão e guiou-a pela rua.

– Não posso acreditar que estejas aqui. É uma surpresa tão grande – disse ela.

– Sim, para mim também é.

– A que horas chegaste?

– Por volta das duas.

– Oh Rod. Devias ter-me dito.

– Teria dito se soubesse que irias estar no mar o dia todo, mas queria surpreender-te.

– Vais estar aqui por quanto tempo?

– Vou-me embora amanhã.

– Oh não! – Charlotte não podia deixar de pensar que iria ficar estafadíssima porque aos Sábados tinham matiné e o espectáculo da noite para fazer.

– Tenho jogo no sábado.

Conduziu-a por entre jardins de palmeiras, até um dos restaurantes de luxo, no topo dos rochedos sem dizer muita coisa. Tentou perguntar-lhe sobre a vida em Londres e Milton Keynes, mas ele apenas encolheu os ombros e disse que estava tudo bem.

– Pensei que podíamos ter um jantar especial por isso marquei aqui uma mesa.

Charlotte não lhe queria dizer que já tinha estado ali com Ed duas vezes.

– E no que é que estás a pensar agora? – perguntou sem saber se ele teria confundido o tempo do verbos de propósito ou acidentalmente.

Ele não respondeu. Algo não estava bem. Não era tanto o que ele estava a dizer, mas sim os silêncios demasiado intransigentes entre a conversa. Talvez estivesse com saudades dela e a sentir-se inseguro.

– Estás lindo – sussurrou ao ouvido dele. – Tenho tido saudades tuas.

– Tens? – inquiriu ele, parando para olhar para ela.

– Sim, claro – respondeu Charlotte.

– Amas-me? – questionou ele.

– Claro que te amo – retorquiu ela.

E amava. Só que se tinha sentido muito distante dele. Ele não pertencia a esta parte da sua vida, mas agora tudo ficaria bem.

O empregado de mesa cumprimentou-os, a ela em particular, e levou-os até à mesa onde uma bela garrafa de vinho do Esporão os esperava.

– Porque é que estás a falar em inglês? – perguntou-lhe quando o ouviu falar com o empregado.

Ele encolheu os ombros enquanto se sentavam e depois falou português, só que o seu era diferente, mais melódico e sexy. Fixou nele o seu olhar. Ele era extraordinário. Era gentil, lindo, generoso e fiel. Quando falava a sua língua materna ela sentia-se como se finos grãos de areia estivessem a ser peneirados sobre o seu corpo. Mal podia esperar para o levar para o bar para conhecer os seus amigos. Vicky ia adorá-lo. Ed teria que aceitar, até porque já o tinha avisado.

O empregado falou inglês mais uma vez para lhe dizer as especialidades da casa e depois deixou-os a estudar o menu.

– Estou cheia de fome – disse Charlotte. – Acho que vou pedir um bife.

Ele olhou para ela como se lhe tivesse ódio. Ela pestanejou, surpresa. De onde é que vinha isto agora?

– Com tanto peixe fresco, queres um bife?

– Sim – disse Charlotte. – Estou farta de peixe fresco e estive a nadar e a dançar o dia todo.

– Sorte a tua – declarou ele sem olhar para ela.

– Sim – assentiu ela, acendendo um cigarro.

Ele sacudiu o ar à sua frente, como se a tivesse a sacudir a ela. Ele não fumava.

– O que é que se passa? – perguntou ela. – Eu já disse que lamentava o que se passou esta tarde.

– Nada. Sais muitas vezes então?

– Sim, sempre – disse Charlotte. Bem, ele estava a implicar com ela.

– Já aqui estiveste antes? – perguntou ele.

– Sim – disse ela. – Duas vezes.

– Com quem?

– Amigos. – Fez uma pausa, zangada. – Não os conheces. Ainda.

O empregado de mesa apareceu e encomendaram sargo e um bife com batatas fritas. Assim que o empregado vazou o vinho, deixou-os a sós junto à janela aberta do salão de banquete, iluminado pela luz de velas.

– Saúde – disse ela batendo com o copo dela no dele com um pouco de força a mais. – É bom ver-te.

Ele acenou e depois disse:

– Quero que venhas para casa.

– O quê? – Ela olhou para ele, atordoada. – Porquê?

– Porque não quero que a minha mulher seja uma porra de uma *stripper*.

Charlotte sentiu o vermelho da blusa subir-lhe até à face.

– O quê? – disse. – Tu chamas tirar a blusa numa curta cena que tem a ver com a história, *strip*?

– Foi isso que me pareceu a mim e aos outros homens a babarem-se com os vossos corpos.

– Oh, porra, não sejas tão século passado. Já passeaste pela praia?

– Por acaso já, uma vez que não tinha mais nada para fazer esta tarde. As mulheres mais decentes estavam cobertas.

– Isso é aqui. Se fores a outras praias, toda a gente faz *topless*, no mínimo!

– Bom, seja como for, a praia é uma coisa, ser uma porra de uma bailarina a fazer *topless* é outra. Parece um harém de prostitutas.

– Oh, que bom. Agora estás a chamar-me a mim e às minhas amigas prostitutas?

Charlotte apagou o cigarro. A ponta desintegrou-se.

– O que é que esperas? Vamos falar a sério, Charlotte. Danças nua, vais a restaurantes caros com homens, bebes a noite toda, levam-te em passeios de barco...e francamente, sabe-se lá o que mais.

– Oh não sejas tão estúpido. Sim, nós saímos mas não se passa nada com ninguém. Somos apenas amigos a divertirmo-nos. É verão.

– E quem é que paga? Alguém está a pagar pela farra, Charlotte. Jantares e passeios de barco têm que ser pagos.

– Talvez algumas pessoas gostem simplesmente da nossa companhia.

– Não, Charlotte. Ou vens para casa...

– Ou? Ou o quê? – desafiou-o.

– Ou vamos ter que repensar as coisas. Desculpa, Charlotte, mas estás a passar das marcas. Porque é que nunca me disseste que ias dançar despida? Isso não é dançar, ou é? Dificilmente se poderá chamar a isso uma forma superior de arte. Hã?

– É o que eu gosto de fazer, Rodrigo. Dançar. E se não percebes isso, vai-te foder.

Ela levantou-se com lágrimas a queimarem-lhe os olhos.

– Senta-te Charlotte, estás a fazer uma cena.

– Não, não me vou sentar e tu vai-te foder porque estou a viver os melhores tempos da porra da minha vida!

Virou-se, tentando evitar que a sua cara se desmanchasse, passando à pressa pelos empregados e pelas outras mesas, onde casais entediados olhavam para ela. Ele que se foda, é o que é. E foda-se esta gente toda.

Foi praticamente a correr pelos jardins, meio com receio que ele a seguisse, meio desejando que ele o fizesse, sabendo que ele não o faria. Por milagre, havia um táxi. Entrou nele e pediu ao motorista que a levasse para a marina. Limpou uma lágrima rebelde e telefonou a Ed.

– Charlotte, o que é que se passa?

A sua voz era gentil, compreensiva, carinhosa.

– Oh Ed. O Rodrigo apareceu e tivemos uma discussão. Gostava de me encontrar contigo por um bocadinho.

– Claro, Charlotte. Vou ter contigo à marina.

Guardou o telemóvel e sentiu as lágrimas caírem a fio pela cara. O taxista tinha o rádio ligado e não a conseguia ouvir. Não queria que ninguém a visse a chorar. Como é que ele podia ter dito aquelas coisas? Quem era ele para ordenar que ela deixasse o trabalho para ser uma dona de casa qualquer. Nem pensar.

Ed estava na rotunda, perto da marina e até lhe pagou o táxi. Ela abraçou-o mais apaixonadamente do que tinha intencionado.

– Anda – disse ele. – Vamos conversar na praia. OK?

Ela acenou, limpando as lágrimas.

– Mas tenho fome – disse ela.

– Ai sim, Charlotte? Nunca se deve discutir antes do jantar– disse com o seu sotaque americano.

Ela sorriu.

– Vou buscar uma pizza ao Pizza Hut e vamos sentar-nos na praia. Queres esperar aqui? Devo dizer à Sarah e à Vicky que estás aqui, ou não?

Ela acenou e sentou-se no muro. Sarah e Vicky vieram a correr em direcção a ela, de braços estendidos, a chamá-la pelo nome e ela desatou a chorar outra vez enquanto elas a abraçavam e cobriam de beijos. Contou-lhes o que tinha acontecido. Ficaram em silêncio, excepto para dizer para ela se calar e que ia correr tudo bem, enquanto lhe faziam festas no cabelo. A única coisa que Vicky disse foi:

— Sabes Charlotte, tens que te decidir. De certo modo ele facilitou-te as coisas. Quem és tu? És uma mulher bonita de um jogador de futebol, que costumava ser bailarina? Ou és uma bailarina que gosta de viver a vida, ter aventuras e conhecer pessoas novas?

— Porque é que não posso ser as duas coisas?

— Acho que tens que perguntar isso a ele.

Ed voltou com pizza e cerveja. As raparigas deram-lhe um beijinho e disseram onde estariam caso precisasse delas.

— Vamos para a praia. Ele pode vir à tua procura e não me quero meter à bulha com um jogador de futebol.

Ed piscou-lhe o olho e sorriu, apesar de que se tivesse que apostar, apostaria no Ed.

Sentaram-se na praia enquanto ela devorava a pizza. Não conseguia deixar de pensar em Rodrigo sentado sozinho no restaurante. Tinha vindo vê-la e ela tinha saído. Isso devia tê-lo aborrecido e ela não lhe tinha contado a verdade sobre o espectáculo. Mas depois lembrou-se da forma como ele a tinha olhado quando ela tinha pedido um bife e como lhe tinha chamado prostituta.

— Sabes que vais ter que ter que conversar com ele sobre isto, aconteça o que acontecer?

Ela encolheu os ombros.

— Onde é que ele está hospedado?

— No Oriental.

Ed soltou um grunhido.

— Óptimo. Se calhar está na porta ao lado. Mas, a sério, devias ir lá. Ele veio de longe para te ver.

— Mas ele chamou-me prostituta, Ed. Ele disse-me que eu tinha que desistir do meu trabalho.

— Isso é só porque tem ciúmes. Não gosta da ideia de teres centenas de homens a verem-te tão sexy. Talvez quando ele pensar no assunto ele mude de ideias.

— Tu não te importas.

– Do quê?

– Que centenas de homens me vejam tão sexy.

– Não. O ciúme não é bom. Mas eu sou mais velho e mais sábio. Ele é um futebolista novo e cheio de testosterona. Também deve estar a pensar na imprensa.

– Mas ele não é famoso!

– Talvez venha a ser. Jogou muito bem na outra noite.

– Tu viste o jogo amigável contra o Chelsea?

– Sim.

Comeu o resto da pizza e bebeu o resto da cerveja sem dizer mais nada. Depois levantou-se, sacudiu a areia e deu uma espreitadela ao telemóvel. Não havia chamadas não atendidas.

– Anda – disse ela, estendendo as mãos para ele. – Quero dançar.

7. O muro

Sónia atravessou a rua e foi sentar-se no muro junto a Lucinda, do outro lado do café. Levantou os óculos por um instante, enquanto vasculhava dentro da mala à procura do telemóvel, e de seguida olhou para a escuridão no interior do bar. As sombras curvadas sentadas nos bancos não faziam lembrar Amy ou a família dela. O seu primo Nuno trabalhava lá e saberia onde Sónia a poderia encontrar, mas se entrasse no bar o seu pai iria ficar a saber. Nesta terreola de província, no meio da serra, não podia fazer nada sem que lhe chegasse aos ouvidos e o pai já lhe tinha dito claramente que moças novas não deviam andar em bares. Normalmente, isso não a afectava porque o bar estava cheio de homens velhos, mal cheirosos, desdentados e com chapéus cheios de pó, bebericando medronho; e também de estrangeiros altos, escanzelados, de cabelos longos despenteados da cor da areia, calças de ganga rotas, principalmente alemães. Mas hoje queria encontrar-se com Amy.

Não havia mais ninguém no muro, com excepção de Lucinda, que estava quase sempre lá a esta hora do dia. Lucinda estava à espera que o marido cambaleasse dali para fora, pois ela não podia, ou não queria, entrar e era cinquenta anos mais velha que Sónia. Sónia olhou para ela com pena. Ela nunca, mas nunca, iria esperar por um homem à saída de um bar. Esta devia ser a aldeia mais primitiva da Europa, pensou Sónia. Mal podia esperar para se ir embora.

– Ele ainda ali está, Dona Lucinda? – perguntou.

Lucinda acenou mas não respondeu.

Dois dias antes, Sónia estava a passar pela paragem de autocarros, quando uma rapariga inglesa a abordara, para perguntar quando é que era o próximo autocarro para Monchique. Sónia disse-lhe que era dali a duas horas. Sentaram-se as duas e começaram a conversar. Amy percebia português mas preferia falar em inglês e Sónia dava-lhe jeito porque precisava de praticar inglês, para que um dia pudesse sair dali. Amy era dois anos mais nova que ela, tinha quinze anos, apesar de parecer mais velha. Tinha cabelo escuro, como Sónia, e tinha-se mudado para a Boa Vista, mesmo às portas de Monchique, havia seis meses, em meados de Janeiro. Havia muitas "Boa Vistas" por ali e Sónia não tinha a certeza qual era.

– É no meio do nada – disse Amy.

– Como é que lá chegas a partir de Monchique?

– Tenho que andar meio-dia.

– Que azar.

– Sim, mas não vou ficar ali – apontou para o café. – Viemos jogar bilhar e eles estão todos bêbados.

– Quem?

– Eles todos. A minha mãe, a minha *nan*, o namorado dela, o ex-namorado dela, o Rich, e o Bill que é um dos companheiros da minha *nan* que é pedreiro, e outros amigos. O Marcus é obcecado por música. Depois de uma bebida eles relaxam, depois de duas bebidas são só sorrisos, depois de três dão-te uma mesada extra, depois de quatro querem que lhe pagues uma bebida, depois de cinco põem-se de cabeça para baixo, fazem a esparregata ou outra situação embaraçosa qualquer.

– Oh.

Sónia não tinha percebido tudo o que Amy tinha dito, mas percebeu que toda a família dela estava bêbeda. Na família de Sónia, só o pai e o irmão é que bebiam e raramente em casa.

– Quem me dera puder conduzir. Aquele é o nosso carro.

Amy apontou para trás com a cabeça, para onde estavam estacionados um Mercedes, um Renault velho e um VW vermelho. Sónia não tinha a certeza a que carro ela se referia.

– Então vivem cá todos?

– Sim, praticamente. Primeiro foi a minha *nan* que se mudou para cá, depois o resto veio atrás. Estavam todos fartos de Inglaterra. A minha *nan* foi professora universitária de psicologia durante trinta e dois anos e por isso conhece muita gente.

– Quem é a *Nan*? – perguntou Sónia.

– *Nan* é nan…avó.

– A tua avó era professora universitária de psicologia? – Sónia não sabia que as avós podiam ser professoras universitárias.

– Sim. O que é que tem de estranho?

– Nada. Porque é que ela se mudou para cá?

– Não sei. O tempo em Inglaterra é uma porcaria, claro. É muito caro viver lá. E a minha avó diz que as pessoas são como ratos engaiolados.

Sónia não conseguia imaginar Inglaterra como sendo uma gaiola. Toda a gente sabia que que era um país rico e civilizado, onde as pessoas viviam em casas grandes, eram educadas umas com as outras e conduziam grandes carros. Ao contrário das pessoas da aldeia, que viviam em cabanas sem casas de banho, gritavam uns com os outros e andavam de burro. O seu pai no entanto tinha um Audi.

– Vais à escola? – perguntou Sónia.

– Sim, em Monchique, mas agora estamos nas férias do verão.

– E como é que é?

– É bom. Os professores são amáveis, mas é difícil fazer amigos. A sorte é que há uns quantos outros estudantes vindos de fora.

Sónia queria dar a Amy o seu número de telemóvel mas o autocarro de Monchique chegou e a sua tia saiu de dentro dele. Devia ter ido visitar a irmã.

– Sónia, que sorte estares aqui menina – disse a tia, carregada com sacos do Alisuper.

– Sim, estou aqui com uma amiga, Tia – explicou Sónia antes de se virar para Amy. – Desculpa mas tenho que me ir embora.

Tinha que ir ajudar a tia.

– Não há problema – disse Amy. – Vem visitar-me um dia destes. O Nuno sabe onde eu vivo. É o rapaz por trás do balcão no café.

– Sim, está bem – respondeu Sónia.

Mais tarde, nessa noite o pai tinha-lhe perguntado:

– Então, o que é que estavas a fazer hoje na paragem?

Começou com tiques no bigode. Estava só ela e a mãe, o irmão estava fora num bar. Estavam sentados na sala com a janela aberta mas com as persianas corridas. A mãe estava a preparar o bacalhau à Brás. O *Preço Certo* estava a passar em altos berros em vários televisores. Um homem baixo e impertinente, rodeado de mulheres que pareciam ser feitas de plástico, com penteados moldados, sorrisos rasgados e excesso de maquilhagem, faziam com que Sónia quisesse gritar. Preferia muito mais ver os *Morangos com Açúcar,* mas o pai não deixava. Mostrava raparigas da idade dela em bares e restaurantes a divertirem-se.

– Conheci uma rapariga inglesa que vive aqui. Ela não se importa que eu pratique inglês com ela.

– Quem é ela?

– O nome dela é Amy.

– Amy? A mãe dela estava hoje no café – disse o pai. – Estava bêbada.

Sónia fez uma pausa. Sentia as faces a corar.

– Isso não faz dela uma pessoa ruim – disse Sónia.

– As mulheres que bebem ou são putas ou são doidas – disse o pai.

– Então e os homens que bebem? – disse Sónia.

– Então e os homens que bebem? – perguntou o pai, agarrando no garfo. – São homens, não são? Claro que bebem. O que é que esperavas? Têm que trabalhar o dia todo para sustentar e aturar a família. Claro que bebem.

– Então e as mulheres que têm que olhar pelos homens? E que têm que trabalhar? Achas que não merecem beber?

Ficou tudo em silêncio. A mãe tocou no braço do pai.

– Vai para o teu quarto. JÁ!

– Então homem, não vais fazer uma cena. Tenho a certeza que ela não se vai dar com a família, pois não Sónia?

– Não, mãe.

Sónia levantou-se.

– Vai para o teu quarto e fica por lá a pensar como foste insolente – disse o pai, com comida a saltar-lhe da boca.

Sónia saiu da sala calmamente, apesar de se sentir como se o seu coração fosse explodir. Chegou ao quarto e ligou o portátil, pensando que só lhe faltava mais um ano para ir para a universidade. Coimbra seria a melhor opção porque era mais longe, mas Évora também servia. Faro era muito perto. Ainda não tinha dito aos pais. Queria estudar Psicologia ou Direito. Decidiu então que queria falar com a avó de Amy. Tinha que se candidatar dentro em breve.

Mais tarde pediu desculpa ao pai. Ele estava a ver as notícias da menina que tinha desaparecido. Os pais estavam à porta da igreja na Praia da Luz. Ainda não havia sinal da menina.

– Olha para ela – disse o pai. – Uma mulher tão bonita.

Obviamente não era uma prostituta, pensou Sónia, apesar de se dizer que tinha deixado três crianças sozinhas num quarto enquanto saiu para beber. Sónia mordeu a língua. Naquele preciso momento um ano parecia uma eternidade.

Sónia levantou-se quando o marido de Lucinda finalmente saiu aos ziguezagues, acenando de costas aos seus companheiros das sombras pregados aos bancos.

– Ah, aí estás tu mulher – bradou ele a Lucinda. – Es... Estava só a tomar uma bebidinha antes do jantar.

Lucinda agarrou-o enquanto ele cambaleava ao seu lado. Sónia abanou a cabeça com pena e repugnância. Tinha que encontrar a Amy. Talvez devesse apanhar o autocarro para Monchique.

Um Mercedes velho encostou e um homem de cabelo cinzento-escuro e com óculos saiu lá de dentro. Por detrás dos óculos brilhavam olhos azuis. Antes de ter tempo para pensar duas vezes, Sónia caminhou em direcção ao carro.

– Desculpe – disse Sónia. – Ele olhou para ela, surpreendido – Conhece a Amy?

O homem sorriu.

– Sim, sou parte da família.

– Pode dar-lhe o meu número de telefone? Conhecemo-nos há dois dias atrás.

– Se esperares um pouco posso levar-te até ela, se quiseres. Tenho que ir falar uma coisa com o Nuno do café.

– OK. Mas pudemos encontrar-nos na paragem?

Sónia não queria que Nuno a visse entrar no carro do homem.

– Claro.

No momento em que puxava a porta do Mercedes Sónia esperava não estar a cometer um grande erro. Sabia que não era boa ideia entrar em carros com homens. Imagens de estradas vazias, escuras e de noites ventosas, fizeram-na agarrar-se ao telemóvel com mais força enquanto passavam pela última lomba à saída da aldeia e se fizeram à estrada, ladeada por eucaliptos e sobreiros. Ele tinha um sorriso bonito. Chamava-se Rich.

– Há quanto tempo está cá? – perguntou-lhe.

– Mudámo-nos para cá em Julho passado: há um ano. E tu? Nasceste aqui?

– Sim – disse ela.

– Não é muito vulgar conhecer jovens senhoras portuguesas por aqui – disse Rich. – Os vossos pais trancam-vos em casa?

Virou-se e sorriu para ela.

– Sim – disse ela, sorrindo de volta.

– Bem me pareceu – disse ele.

– Temos que ajudar a família, a cozinhar, esse tipo de coisas. Não é muito normal as mulheres irem aos bares.

– Bom, provavelmente não estão a perder muito, mas não é essa a questão, ou é? – disse ele como que para si próprio.

– Acho que as pessoas são muito retrógradas aqui na serra. Eu quero ir para a universidade.

– Fazes bem. O que é que vais estudar?

– Ainda não tenho a certeza. Ou Psicologia ou Direito.

– Eu licenciei-me em Psicologia. Quer dizer, fiz uma Pós-Graduação.

– A sério? – O coração dela deu um salto. – E trabalha no quê?

– Agora não estou a trabalhar mas trabalhei para o *city council*. Vocês chamam-lhe Câmara Municipal.

Ela acenou com a cabeça, não vendo a relação entre a Câmara Muncipal e Psicologia.

– Fazia intervenções.

– O que é que isso quer dizer?

– Quando pessoas com problemas mentais não conseguem olhar por si próprias, nós intervimos e assumimos o controlo, obrigando-os a ir para o hospital ou para um lar.

– A Câmara faz isso?

– Sim, aqui não?

– Não me parece. Acho que isso devia caber à família decidir.

Pelo menos esperava que assim fosse. Se o pai dela tivesse poder, iria por aí a prender todas as mulheres que estivessem em bares.

– Olha para a vista – disse ele à medida que a costa sul cintilava à direita, abaixo deles. – É lindo. Tens sorte por teres nascido aqui.

Sónia disse "sim" mas não concordava. Afundou-se no assento de cabedal quando viu o seu primo Zé, descascando paus de eucalipto à beira da estrada. Parecia que não a tinha visto.

Voltaram em direcção a Chilrão, Pé do Frio e Selão. A estrada curvava até estar paralela com a costa oeste. Já não andava nestas estradas há anos. Não havia serviço de autocarro para estes lados. Sónia pensava que eles moravam do outro lado de Monchique mas Rich explicou que podiam ir por Monchique ou por aqui. Ela começou a preocupar-se com a volta. Se o pai descobrisse, não a iria deixar sair de casa durante um mês. Olhou para o relógio. Eram quase cinco da tarde.

– Não te preocupes. Posso levar-te de volta mais tarde.

– Obrigada.

Passaram por uma das cinco turbinas ordenadas no topo da serra, as pás reluzentes em marcha lenta contra o azul do céu de fim de tarde. Sónia tinha lido Dom Quixote recentemente e podia facilmente imaginar algumas das pessoas da sua aldeia montadas em burros rumo às turbinas e a agitar os punhos cerrados em direcção a elas. Ou, mais provavelmente, a oferecer-lhes copos de medronho.

– Conheço pessoas que vivem aqui perto e dizem que é como viver perto de um aeroporto. Nós não as ouvimos, tu ouves? – perguntou o homem.

– Às vezes, em dias calmos, mas não muito. Estamos a dez quilómetros.

O pai tinha-lhe dito que tinha havido algumas queixas ao Presidente. O pai dela compreendia. Ele próprio não gostaria de viver perto das turbinas, mas o resto das pessoas do Concelho, estavam orgulhosas com a sua energia renovável. Comprem tampões para os ouvidos, tinha sido a resposta.

Estavam quase em Monchique quando Rich saiu da estrada e desceu por um caminho, estacionando ao fundo. Conseguia ver que havia quatro casas de pedra pequenas, ordenadas na colina por baixo da estrada, de frente para a costa oeste. Uma luz obscura desfocava as linhas das serras que se dobravam à sua frente, cada vez mais pequenas até chegarem ao mar. Sónia não conseguiu deixar de contemplar a vista.

– Só agora é que a terra está a recuperar depois dos fogos – disse Rich.

– Ardeu aqui?

– Sim. Eu não estava cá, mas toda a gente teve que ser evacuada.

Sónia não mencionou que conhecia alguns dos rapazes da zona, que tinham começado pelo menos um dos fogos.

– Amy? – chamou Rich enquanto desciam o caminho em direcção às casas de pedra. – Está aqui uma amiga para te ver.

– Amy saiu da casa a mascar qualquer coisa. Pareceu surpresa por vê-la.

– Olá. Estou a tomar chá. Queres comer alguma coisa?

Pensando que seria má educação dizer que não, Sónia aceitou, e entraram todos. Foi saudada por um espaço amplo com uma escadaria em espiral ao meio conduzindo a outra divisão. Nas paredes estavam pinturas modernas enormes e luzes nas paredes com apliques feitos de telhas perfuradas. À primeira vista, Sónia contou cinco pessoas e um pequeno rapaz com cerca de quatro anos, incluindo a Amy e ela própria. Estavam todos a falar inglês, incluindo o plasma na parede. Uma mulher alta, loura, de cabelo comprido e olhos de cor de avelã, a usar uma saia roxa de roda comprida, sandálias rasas e uma blusa de algodão branco com trabalhados e botões até ao pescoço, estava a cozinhar. Rich apresentou Sónia como sendo "a amiga da Amy" e foi ajudar a mulher alta com a comida. Houve gritos a dizer "Benvinda amiga da Amy". Sónia sorriu para todos.

Uma senhora idosa com cabelo branco de pluma, de face bronzeada com mais rugas que a casca de uma árvore, olhos penetrantes e pretos sentou-se numa enorme mesa de madeira. Devia ser a avó, pensou Sónia. Outro homem com grandes covas na cara, a usar um chapéu empoeirado e um lenço em volta do pescoço, sentou-se ao lado dela. Dois cães andavam em volta da mulher alta e loura e de Rich, que estavam a carregar panelas a ferver, na esperança de apanhar alguma coisa. Num canto da sala estava um pequeno palco montado com uma bateria, uma guitarra e um computador. Um gato branco dormia num sofá grande de pele em frente à televisão. Sónia sentiu-se como se tivesse sido projectada para Marte. Não havia nem toalha de mesa, nem guardanapos, ou fotografias da família sorrindo sobre os panos de renda em cima dos aparadores. Não havia imagens de santos ou outros símbolos religiosos e não havia porcelana ou bibelôs a decorar a sala.

– Senta-te, senta-te, amiga da Amy – disse-lhe a mulher alta. – Queres umas salsichas e puré?

Sónia hesitou. Não fazia a mínima ideia do que a mulher estava a dizer mas não lhe parecia que fosse uma espécie de chá.

– Mãe, ela não percebe o que é. É puré de batata e salsichas.

– Ah, ok, obrigada – disse Sónia.

Fixou o olhar na mãe de Amy: não parecia uma bêbeda ou uma prostituta. Nem sequer estava a usar maquilhagem. Um prato de puré de batata, feijões cor-de-laranja e duas salsichas curtas e gordas caíram à sua frente e de Amy.

A avó sentou-se à cabeça da mesa.

– Então como se chama a amiga da Amy? – perguntou-lhe. Os seus pequenos olhos examinavam-na como uma fotocopiadora.

– Sónia – disse ela.

– Conhecemo-nos à porta do café no outro dia quando vocês estavam todos a embebedarem-se – acrescentou Amy.

– A embebedar-nos? Não me lembro de ficar bêbada. Vocês lembram-se?

A avó olhou em volta para os outros que estavam na cozinha e todos abanaram a cabeça.

Sónia imaginou-se a ter esta conversa com a sua avó.

– A Sónia quer ser psicóloga – disse Rich, agarrando num garfo.

– Então porque é que queres estudar Psicologia, Sónia? – perguntou a avó.

– Bem, não tenho a certeza se quero estudar Psicologia ou Direito – disse Sónia, provando um pouco de puré. Estava bom. Sentindo-se mais à vontade, tentou cortar uma salsicha.

– Direito é mais fácil de soletrar – disse a velha senhora com um ar sério.

Sónia sorriu.

– Avó, pára! Seja como for não sabes nada sobre Direito português.

– Só que Direito é uma coisa e a sociedade é outra. Não é assim, Sónia?

A avó piscou-lhe o olho.

Sónia concordou, provando a salsicha. Ela estava certa. Olhem para a maneira como a velha Lucinda esperava no muro. Não era correcto que as mulheres tivessem que esperar nos muros pelos homens. Os dentes de Sónia quebraram a pele da salsicha e bocados de gordura explodiram-lhe na boca.

– Sónia, tenho aconselhado pessoas a minha vida toda e mesmo assim continuam fodidas. Por outro lado, o Direito é uma besta, como diz o senhor Bumble, e precisa de ser mudado.

– Ah, será que nunca calas a porra dessa boca – resmungou o do chapéu.

– Não, não, esta jovem senhora portuguesa veio ver-me. Ela quer que a aconselhe, não é Sónia?

Ela acenou, pensando como seria que a avó sabia e quem seria o senhor Bumble.

– Não ligues, eles não compreendem – continuou a avó. – Queres fazer alguma coisa com a tua vida e mudar o mundo, não queres? Mas ainda não tens a certeza como o fazer.

Sónia assentiu, empurrando alguns feijões cor-de-laranja para a boca para não ter que falar. Eram doces.

– Deixa-me perguntar-te, porque é que haverias de estudar psicologia?

Sónia engoliu.

– As pessoas interessam-me…e…como elas pensam.

– OK, é uma boa razão. Agora diz-me, porque haverias de querer estudar Direito?

– Porque me interessam os direitos humanos. Acho que muitas mulheres desconhecem os seus direitos. Gostava de ajudá-las.

– Então, Sónia, acho que respondeste à tua própria pergunta.

– Come e deixa a rapariga em paz, mãe – disse a mãe da Amy.

Ficaram todos em silêncio enquanto comiam. Sónia raspou o resto do puré, que estava agora alaranjado e pousou a faca e o garfo juntos no prato.

– Anda Sónia. Já terminaste? Deixa-me mostrar-te o resto da casa.

A avó piscou-lhe o olho quando elas saíram. Sónia sorriu de volta e agradeceu a todos. Rich disse que a levava para casa quando ela quisesse. Sónia nunca tinha conhecido pessoas tão amáveis.

Amy levou-a por um caminho cruzando vários terraços. Havia árvores de fruto e flores mão não havia sinais de agricultura. Num dos sobreiros tinham construído uma pequena casa de madeira. Havia uma pequena escada de acesso lá acima. Sónia seguiu Amy, gatinhado por uma pequena porta, que conduzia a uma sala com uma janela de vidro, com vista para a serra e para a costa oeste. A vista estava emoldurada pela pequena janela, fazendo-a parecer uma aguarela.

– Que sítio tão fixe Amy e que família espectacular! Tens tanta sorte!

Amy franziu o nariz.

– São todos doidos.

– Talvez, mas são tão… – Sónia teve dificuldade em encontrar as palavras. – Liberais, acho.

– Bom, a avó insiste que sejamos nós próprios. Ela diz que nunca podemos ser felizes se estivermos a tentar sermos alguém que não somos.

Sónia pensou na sua mãe. Nunca se tinha permitido ser ela própria e não era feliz. Definia-se a ela própria pelos papéis que representava como mãe e dona de casa obediente, que ia às compras, cozinhava, limpava e cuidava da família. Os seus pais e avós tinham trabalhado na terra, mas a sua mãe tinha casado com um homem mais rico que não tinha que plantar batatas. Ela dizia muitas vezes que desejava ter um bocado de terra para cultivar. Se calhar era essa pessoa que era realmente. Ao seu pai tinha-lhe sido permitido ser ele próprio e ainda assim não era feliz. Talvez a sociedade não lhe tivesse permitido que fosse ele próprio. Sónia não tinha a certeza, mas sabia que ia ser ela própria. Nunca poderia esperar num muro à porta do café. Iria para Coimbra estudar Direito e descobrir porque é que o senhor Bumble tinha chamado ao Direito uma besta.

8. Azar

– Foda-se, precisamos de dinheiro, seu imbecil.

João apercebeu-se de Sasha estar de pé acima dele, de braços cruzados, mastigando que nem uma vaca. Ele desatou a rir com um riso abafado e estridente. Olhando para cima para os olhos negros dela e para a sua cara esbranquiçada, parecia uma vaca.

– Que foi agora? Acho que tu não perceber nós temos nada... – Cortou o ar com o braço – ... para comer. Ou beber. Ou fumar.

– Não arranjes problemas, Sasha. Fico rico depressa. Se não, vamos para Portimão e tu podes arranjar algum negócio – disse João, ainda com um riso abafado. Quem lhe dera ter um mal-me-quer para lhe pôr na boca.

– Morremos antes de tu rico. Tu não ter carro. Como chegar a Portimão sem carro? Hã? Responde. Chico-esperto. Tu achar que eu ir no autocarro? Tu pensar mal senhor Jo-uau.

Ela deu-lhe um pontapé. Ele virou-se, o seu corpo aos pulos do riso.

– Tu achar graça? Deixa dizer, senhor Jo-uau, saio daqui quando tiver dinheiro. Tu pensar eu precisar de ti? Tu pensar eu precisar desta merda?

O corpo de João estremeceu até que parou e virou-se para ela.

– Oh, Sashinha, meu pequeno e doce anjo, não te preocupes. Mister Jo-uau arranja qualquer coisa. Agora, arranja-me café e um brandi enquanto eu penso.

João elevou-se um pouco do colchão no chão. Estava nu com excepção do lenço *keffiyeh* pendurado na cabeça. Endireitou-o.

– Não café. Não brandi. Não cigarro. Não droga. Não medicamento. Não comida. Não roupa. Não nada. Tu pensar eu acostumada a viver assim na Rússia? Hã? Na Rússia todos ter essas coisas.

– Oh Sashinha, nós temos casa bonita em aldeia bonita do bonito Algarve. Isto é a Salema onde todos os ricos e famosos compram casas.

– Mas tu não rico e famoso. Tu mendigo. Tua casa cair. Tu não tens lugar para sentar ou comer e esta merdinha de aldeia piscatória não ser sítio para fazer dinheiro.

– Então nós ir para Rússia – disse João, o sorriso malandro desaparecendo da cara à medida que acordava devagarinho.

– Não, seu cretino. Eu ir para Rússia. Tu ficar na merdinha de aldeia piscatória.

João ficava sempre surpreendido com o vocabulário inglês dela. O que será que "cretino" queria dizer? Ia perguntar-lhe mas ela estava a afastar-se dele.

– Sasha! Volta. Ficas a ver navios se fores agora.

Mas ela já se tinha ido embora.

João vasculhou o chão à sua volta à procura dos calções e tirou a carteira para fora. Tinha a certeza que tinha pedido emprestado dez euros ao Jorge ontem à noite, mas não estavam lá. Provavelmente ela tinha-os roubado. Ligou o telemóvel. Eram três da tarde e tinha perdido uma chamada de Ahmad. Era isso! O barco estava pronto! A Sasha não tinha paciência. As suas mãos tremeram e podia sentir o estômago a apodrecer por dentro. Mas agora não era altura para pensar no seu corpo a deteriorar-se, uma vez que precisava de uma caneta. Levantou-se e andou nu pelos três andares da casa escura com as persianas baixas.

– Onde raio é que ela escondeu as canetas? – gritou ele.

– Falar de mim? – perguntou ela, aparecendo à porta com dois cafés e uma garrafa de Macieira que não estava ainda vazia por completo.

– Sashinha, anjo, deixa-me ajudar-te. – Pegou na garrafa do brandi, abriu-a e deu uma grande golada. Estremeceu. – Eu estava à procura de uma caneta.

– Uma caneta? Porque tu precisar caneta? Tu não escrever.

– Tenho que escrever as coordenadas para uma recolha.

– Que recolha? Tu recolher mais raparigas? Eu dizer-lhes que tu ser grande merda.

– Não, para mercadoria, Sasha. Mercadoria. Para vender. Para fazer dinheiro.

– Ah, ok, então eu ter caneta.

Abriu a mala que tinha ao ombro e retirou uma caneta azul.

– E papel?

– Tu ser homem muito difícil. – Rasgou uma caixa de tampões. – Toma.

– Tu és a melhor, Sasha.

112

– Eu sei. Mas ainda assim tu tratar-me como pedaço de merda.

João bebeu um pouco mais de brandi, emborcou a bica e depois telefonou a Ahmad.

– Oi Ahmad, amigo, para onde me dirijo?

João escutou com cuidado, com a cabeça a começar a latejar enquanto traduzia as instruções em código de Ahmad. A entrega seria às duas da manhã do dia seguinte. João repetiu as coordenadas que Ahmad lhe deu como se fossem um número de telefone. Se houvesse ondas de mais de um metro, de força quatro, teriam que cancelar. Mas não ia haver: era Agosto. João cancelava se uma onda balançasse o barco, mas não era ele que ia. De seguida João era suposto vender aquela merda e iriam dividir os lucros. Perfeito. Vinte quilos. Dez mil euros. Tinha prometido pagar ao seu primo, o Pedro, dois mil euros para fazer a corrida.

– Então? – disse Sasha, cravando-lhe os seus olhos imundos e negros.

– Estás a olhar para um homem rico, Sasha – ele deu um salto e segurou-lhe na mão. Ela deu-lhe um estalo mas ele conseguiu que ela se pusesse de pé e rodopiaram na escuridão do quarto antes de caírem numa peça de mobília que não a cama – a mesa.

– Vês minha linda princesa Russa, vou comprar-te tudo.

– Tu comprar bilhete de volta para bela Rússia?

– Tudo o que tu quiseres.

Ele começou a massajar-lhe o pescoço até ela começar a relaxar. Depois beijou-a: centenas de pequenos beijos por todo o pescoço e ombros. Conseguia senti-la derreter como um cubo de gelo na sua boca. Ela deixou-o fazer escorregar uma mão por baixo da t-shirt e desabotoar-lhe o soutien para poder sentir os seus seios. Ela deitou-se na mesa enquanto ele lhe beijava o umbigo e estava a começar a ronronar o que normalmente queria dizer que era seguro ter sexo por esta altura. Mas João nunca tinha muitas certezas por isso manteve os braços dela contra a mesa enquanto se movia em cima da mesa.

– És a melhor Sasha – sussurrou, beijando-a na boca para que ela não pudesse dizer nada.

– Então onde está dinheiro? – perguntou ela, enquanto abotoava o soutien.

– No barco.

– Onde é barco?

Ela bebeu o resto da Macieira.

– Marrocos.

Ele saiu da mesa e andou à volta do quarto para encontrar a roupa.

– Marrocos, seu cú de macaco. Tu pensa que eu ir a esse país fedorento para ir buscar o teu dinheiro?

– Não, Sashinha, esta noite nós vamos ao encontro do barco onde está o haxixe. O Ahmad conhece o capitão de um grande barco de pesca, ele vem por Espanha e Portugal, para descarregar para embarcações pequenas a dois quilómetros da costa.

– Agora querer que eu ser pescadora e que apanhar drogas no Atlântico?

– Não, Sasha, o Pedro vai e encontra-se com eles.

O Pedro tinha o barco mais veloz no Algarve.

– Ele muito bêbado.

– Ele vai sair-se bem.

– Ele saber que ser hoje à noite?

– Ainda não.

– Então telefona-lhe, burro.

João pensou em bater-lhe mas ela já se tinha desviado. Em vez disso, telefonou a Pedro e pediu-lhe se os podia levar às compras nessa noite. Era a palavra de código. Pedro não parecia muito satisfeito, dizendo que tinha bailarinas lindas com que se entreter. João disse-lhe que as trouxesse e que ele as entreteria.

– Entreter quem? – disparou Sasha.

– Cala-te Sasha – disse ele. – Isto é importante.

Pedro disse que ia lá para falarem. Dez minutos mais tarde, entrou com uma cerveja na mão.

– Oi João. Sabias que estamos em Agosto e é verão?

– Oi primo, tens alguma cerveja para nós?

Pedro puxou de outra garrafa de cerveja Cristal do bolso.

– Toma, dividam.

João abriu a garrafa com os dentes e deu um trago valente. Tê-la-ia bebido toda mas a Sasha arrancou-lhe a garrafa.

– Tens que pensar mais. Não beber mais.

Pedro riu-se o que aborreceu João.

– Então, alinhas? – perguntou João com voz áspera.

– A maré alta é às seis da manhã e tu queres que vá ter com o barco às duas da manhã? Deixa-me ver as coordenadas.

João mostrou-lhe.

– Isto é já aqui ao largo da costa – disse Pedro.

– Sim, muito fácil. O Ahmad diz que vai estar força dois, ou no máximo, força três.

114

– Sim, mas o meu barco está em Lagos.

– Ah.

João não tinha pensado nisso quando disse que a descarga seria na Salema.

– Não há problema, mas tenho que voltar a Lagos porque preciso dele lá amanhã. Além disso, se o Jorge e os pescadores me vêm na aldeia vão saber que se passa algo.

– Então nós esperar por ti na praia. Deixar aquilo connosco ao fundo da praia e tu ir embora – disse Sasha. – Simples.

João olhou para Pedro. Ela estava certa como sempre.

– Então e os turistas? – perguntou Pedro. – É época alta.

– Nós assegurar que não turistas – disse Sasha, tomando as rédeas.

João não gostava quando ela fazia isso.

– Quem é "nós"? – perguntou Pedro.

– Eu e ele.

Apontou o dedo ossudo a João.

– Ele precisa de vir comigo – disse Pedro. – Não vou sozinho. Portanto isso significa que tens que recolher a merda da praia.

– Não recolher a tua merda!

João acendeu um cigarro. As coisas não estavam a sair como planeado. João não tinha qualquer intenção de entrar no barco, e ainda menos ter Sasha a organizar-lhe a vida.

– Eu espero por ti na praia com a Sasha – disse João. – Não precisas de mim.

– Eu preciso de ti.

João deu uma valente passa no cigarro. Isto estava a ficar complicado.

– Porque não levar o Jo-uau contigo e deixar a merda toda na Salema? Depois volta para Lagos sozinho – disse Sasha.

– Talvez, mas seria melhor se fossemos dois – disse Pedro pensativo. – É perigoso um homem sozinho à noite e há muitos mais barcos da polícia no mar por causa da rapariga desaparecida.

– Se muito polícia, melhor Jo-uau não ir contigo.

– Talvez. Mas e se o barco não está lá? – perguntou Pedro a João.

João suspirou fumo.

– Vai estar. Ele diz que só cancela se houver ondulação acima de força cinco.

– Pagas-me na mesma se cancelarmos?

João encolheu os ombros, ignorando o nariz franzido de Sasha. Era suposto perguntar sobre a rapariga desaparecida mas Sasha estava a dar patadas na mesa.

– E tu pagar-me também? – perguntou batendo com as unhas vermelhas lascadas na mesa. – Ou então talvez eu não esperar na praia.

– Eu pago-te vinte – disse João.

– Então eu não esperar.

– Trinta.

– Duzentos.

– Oh Sasha. Eu pagar tudo para ti. Cinquenta – oferta final.

Ela pensou por um minuto e depois franziu as sobrancelhas e fez um sorriso invertido e disse:

– Hm.

– Se for cancelado eu envio mensagem: "Não há peixe no mar". OK?

– Como tu mandar mensagem? Tu não crédito.

João considerou estrangulá-la.

– Tu não tens dinheiro, primo? – perguntou Pedro.

– Ele não ter *na-da*.

– Cala-te. Assim que formos buscar a merda, vou ter.

– Deixem-me comprar aos dois um brandi e vamos por crédito no teu telefone. Depois vamos embora.

Pedro levantou-se da mesa e dirigiu-se para a porta. Sasha seguiu-o, agarrando o seu chapéu de abas lilás, enquanto João trocava o seu *kaffiyeh* pelo seu chapéu de palha e enfiava os pés nos chinelos já muito gastos.

– São quase cinco – continuou Pedro acendendo um cigarro. – E, graças a ti, tenho que cancelar o meu encontro com a mulher mais bonita do mundo.

– Quem é? – perguntou João, semicerrando os olhos contra a luz do dia, enquanto desciam os degraus até à estrada calcetada. Sentiu o suor a pingar do chapéu de palha quase imediatamente. Por qualquer razão estranha, as mulheres achavam o Pedro atraente. Tinha muitas namoradas e três miúdos de mulheres diferentes. Não que João pudesse falar: tinha dois miúdos. Sasha tinha-lhe prometido que não queria filhos mas as mulheres diziam sempre isso até chegarem aos trinta e depois: *pumba*, ficava atascado em merda. Vendo bem, eles já estavam atascados em merda. Mas, ele tinha que admitir, Sasha era diferente.

– É uma bailarina do espectáculo do casino de Portimão. É inglesa, alta, loura, sexy, na casa dos vinte e muitos.

João riu-se.

– Outra bifa.

– Não, a sério, ela é especial.

– Ela prostituta – disse Sasha, vasculhando na sua mala. Retirou os seus óculos escuros de lentes lilases e colocou-os.

– Não, não me parece – disse Pedro.

– Ela não é como tu – disse João, enquanto ela lhe cravava as unhas no braço.

– Claro que é, homem burro. Ela rapariga de espectáculo. Na Rússia todas raparigas de espectáculo prostitutas.

Pedro encolheu os ombros para dizer que não se importava. João anotou mentalmente que ele e Pedro deviam ir ver o espectáculo.

O largo da aldeia estava repleto de carros e turistas carregando esteiras de praia, chapéus-de-sol, baldes e pás, toalhas e vários outros objectos necessários para uma tarde na praia. João riu-se em silêncio de todos eles, particularmente das famílias, que pareciam um rebanho de ovelhas. O bar do café estava apinhado de carne mal passada, rosada e suavizada pelo grelhador solar, suor caía-lhes pelas faces abaixo.

Sentaram-se à sombra na esplanada da pastelaria e Pedro foi buscar-lhes café, brandis e bifanas depois de Sasha dizer que não ia à praia a não ser que comesse sandes de porco.

Jorge e o pequeno Mário sentaram-se à mesa perto deles. Jorge estava a beber cerveja e Mário estava sentado, em silêncio agarrado a uma garrafa de *Seven-Up*. Tinha sido um dia negro na aldeia quando o seu pai se tinha afogado no mar. O mesmo tinha sucedido ao avô de João: a maioria das pessoas da aldeia conhecia alguém de família que se tinha perdido no mar, mas não devia acontecer nos dias de hoje, já que os barcos eram mais seguros.

– Pedro, o teu barco é impossível de afundar, certo? – perguntou enquanto ele voltava carregando uma bandeja de bebidas.

– Claro. É um semi-rígido.

– Porquê? Tu medo de morrer? Seria grande felicidade.

– Não percas a esperança, Sasha – disse Pedro muito sério. – Ainda se pode virar.

Por momentos João sentiu-se desfalecer. Na sua opinião, o mar era um imenso cemitério inundado, a ser evitado a todo o custo.

Infelizmente, não se conseguia safar desta e não queria que Pedro soubesse o medo que tinha do mar e por isso não disse nada. António, o dono da pastelaria, trouxe-lhes as bifanas. Sasha arrebatou a dela do prato.

– O que é que quer dizer "virar"? – perguntou ela ao mesmo tempo que dava uma dentada na bifana.

– Voltar-se.

Pedro ilustrou com as mãos o que queria dizer.

– Oh, que bom – disse mastigando ruidosamente.

– Se eu morresse, tu ficavas sem nada – disse João mal-humorado, imaginando-se a afundar no mar; uma corrente de bolhinhas eram a única ligação com o mundo que tinha conhecido.

– *Bozhe moi!*...

Ela começou a gritar com ele em Russo. João ignorou-a e começou a falar com Pedro acerca do seu barco. Zé, que trabalhava no restaurante Paraíso, aproximou-se de avental branco, apertou a mão a João e Pedro e beijou Sasha (o que, pelo menos, a calou).

– Ele bom homem – disse ela, depois de ele ir falar com Jorge.

Toda a gente sabia que Zé era um mau rapaz que bebia demais, "comia" muitas turistas e se metia no jogo.

– Bom demais para ti, Sasha.

– Nós ver.

João riu-se só de pensar em Sasha com o Zé. Sasha era mais ou menos nova e ainda atraente, quando não estava a mastigar que nem uma vaca com o rímel esborreteado à volta dos olhos, mas mais ninguém iria aturar as doidices dela. Excepto talvez o Zé. Parou de rir.

– Uma cerveja? – perguntou Pedro.

João disse que sim com a cabeça.

– Não, eu pensar melhor tu ir.

– Oh Sasha, estás a tornar-te numa chata.

– Não chata. Precisar de dinheiro, cabeça de burro.

João franziu o nariz e inclinou-se para a beijar. A maneira como ela assassinava a língua Inglesa era tão sexy. Pedro, desatou também a rir, levantou-se para ir buscar algumas cervejas, abrindo o telemóvel com força como se estivesse a abrir uma amêijoa.

– Até ele ter dinheiro – disse Sasha, limpando um bocado de cebola à deriva com o dedo sujo e empurrando-a para dentro da boca.

– Então vai viver com ele – disse João, cruzando a perna direita sobre a coxa esquerda e colocando as mãos por detrás da

118

cabeça, descontraindo com a ideia de não a ter a refilar com ele nunca mais.

Pedro estava ainda a falar ao telemóvel quando voltou com três garrafas de Cristal.

– Então, combinamos para amanhã, OK? Diverte-te com o espectáculo… Não vais? Três vezes?

Colocou as cervejas na mesa. João notou que as mãos de Pedro ainda estavam a tremer apesar dos brandies. As suas já estavam bem. Sasha nunca parecia tremer (os Russos devem ter nascido com uma super tolerância ao álcool). Pedro fechou o telefone com força.

– Tu falar com chulo? – perguntou Sasha, antes de suster a boca com a garrafa.

Pedro riu-se.

– Uma espécie disso. Este fulano Americano, o Ed, é cheio da massa. Pagou-me trezentos euros para os levar no barco há duas semanas atrás. A ele e a três bailarinas. E forneceu o champanhe.

– Tu dar número? – Sasha perguntou, limpando uma gota de cerveja do queixo. – Merda.

– Trago-o cá um dia e podes conhecê-lo.

– Graças a Deus.

– Tu não acreditas em Deus, Sasha – disse João.

– Agora acredito.

– OK, estás pronto? – Pedro embuchou o resto da cerveja da garrafa.

João fez o mesmo e inclinou-se para a frente para dar um beijo de despedida a Sasha. Ela não o beijou de volta mas também não se afastou portanto estava tudo bem. Estava entretida com o rótulo da garrafa como se estivesse a planear alguma coisa. Zé ainda ali estava a falar com Jorge. Oh, que raio. Se ela quisesse dar uma queca com ele era lá com ela. Ela acenou-lhe enquanto entravam no Mercedes velho a gasóleo de Pedro. O último carro do João tinha sido um Renault 4, mas teve que o usar para pagar as bebidas uma noite no bar azarado, chamado O Azar, quando Rui se recusou a servir-lhe mais bebida, até que pagasse os últimos dezasseis meses. Nada razoável. Mas tinha descoberto entretanto que o carro se tinha recusado a pegar. Azar.

Foram de carro até Lagos, com o sol por trás deles. Pedro falou da rapariga do espectáculo, Vicky, o caminho todo. Ela tinha-o seguro pelos tomates. João nunca deixaria que isso acontecesse. Homens e mulheres não foram feitos para estarem juntos muito tempo, por isso não valia a pena envolverem-se muito. Tinham ciclos diferentes: às vezes davam consigo no mesmo caminho ao mesmo tempo, rolando por aí fora em uníssono. Mas entretanto um deles batia numa pedra e mudava de direcção. Era altura de se separarem. Ou isso ou ele ficava sem dinheiro e elas desapareciam misteriosamente.

Pedro estacionou junto ao Porsche vermelho, perto da marina em frente à velha estação de caminhos de ferro. João recordava-se de vir aqui pela primeira vez ainda miúdo, quando tinham ido visitar uma tia idosa em Portimão. Não tinha sido assim há tanto tempo e ainda assim era outro mundo. A estação estava rodeada de burros e carroças, mulheres velhas com lenços na cabeça, ou chapéus, saias longas de roda, carregando trouxas enormes. O café costumava estar cheio de homens rodeados de fumo, com casacos escuros remendados, botas de cabedal e chapéus tribais, a beber cerveja. Lembrava-se de fixar o olhar nas botas porque não tinha nenhumas. Desatou a rir à gargalhada quando se apercebeu que ainda não tinha nenhumas. Pedro riu-se com ele como se estivesse a partilhar da piada, mas João achou que ele estava simplesmente bêbado.

Chegaram ao barco, depois de comprarem algumas cervejas. Parecia um grande bote, pensou João, ainda a rir, antes de decidir que não tinha piada. O barco chamava-se *Storm* (um nome parvo para um barco).

O motor acordou com um ronco. João tentou não tropeçar nas cordas com dificuldade, enquanto as atirava para dentro e pisava a borda preta de borracha para entrar no barco. Pedro fez marcha atrás no pontão com perícia, passou por baixo da ponte e parou para abastecer com gasóleo. Encheu também uma vasilha extra (não fosse caso...).

– Ninguém vai achar estranho se sairmos agora – disse Pedro ligando o motor.

A maioria dos barcos estava a chegar, apesar de haver algumas pequenas embarcações a motor a sair, para ir ver o pôr-do-sol. João pagou o combustível e de seguida saíram ao longo do rio em direcção ao mar. Era uma noite quente de Julho e as pessoas passeavam pela avenida, caras luzidias como sóis a porem-se, bem vestidas para irem aos restaurantes. Ninguém reparou neles.

Pedro foi avançando devagar em direcção ao horizonte e viram o céu como que ferido sangrando até ao mar. João não se conseguia lembrar da última vez que tinha visto um pôr-do-sol.

Sasha não se interessava por coisas dessas. De seguida Pedro dirigiu-se para Este (para o caso de estar alguém no seu encalço). Em Carvoeiro, Pedro parou o motor. Aí abriram uma cerveja e fumaram um charro que Pedro tinha trazido com ele. Enquanto estava ali sentado João, balançando para cima e para baixo, sentiu uma calma que não sentia há muito tempo. Afinal talvez a vida no mar não fosse assim tão má.

Os problemas começaram por volta da meia-noite. Tinham bebido o álcool todo e João tinha estado a dormitar, mas depois o mar agitou-se e começou a sentir-se enjoado. Pedro não dizia nada e ao examinar de perto, João descobriu que estava ferrado a dormir, a mão movia-se com o volante. Abanou-o e Pedro abriu os olhos turvos, olhando para João como se fosse um fantasma. Uma onda esbateu-se sobre o lado do barco.

– Foda-se, Pedro. Deixámo-nos dormir! Onde é que estamos?

Pedro sacudiu-se, tossiu e cuspiu no mar. Verificou as coordenadas.

– Bolas – disse ele. – Temos algum brandi?

– Não – resmungou João, a sua barriga agora a dar voltas como uma máquina de lavar roupa enxaguando com cerveja e brandi. Seguramente não poderia estar enjoado. Vinha de uma família de pescadores com centenas de anos.

– Bolas – rosnou Pedro, com outra onda enorme a quebrar-se sobre o barco.

– Tens mesmo que fazer isso? – disse João.

– Não posso controlar as ondas, primo.

– Não devíamos abortar? O mar está a ficar mais agitado.

Pedro riu-se.

– Isto não é nada.

Guiou o barco pelas ondas, embatendo contra todas as que podia. João ficou sentado segurando-se. Não sabia se se podia mexer, uma vez que as pernas pareciam estar de algum modo descoordenadas. Olhou para cima para o tecto de estrelas mas pareciam estar aos saltos para baixo e para cima enquanto passavam sobre as ondas. O mesmo aconteceu com as luzinhas distantes na costa. Não sabia se se conseguia aguentar por muito mais tempo.

– Onde estamos?

– Perto de Carvoeiro.

João deu uma risada mas quando se apercebeu que Pedro não estava a brincar e que tinham andado à deriva em sentido contrário, virou-se e pendurou-se sobre o lado arredondado do barco de borracha e vomitou.

– Merda d'um corno, João, o que se passa?

João grunhiu mas não conseguia responder. Sentiu-se mais fraco do que alguma vez se tinha sentido e a ideia de passar mais uma hora nesta tigela de vómito fazia-o querer atira-se borda fora e afogar-se. Só o pensamento da cara de felicidade de Sasha pairando sobre o seu corpo o salvou.

– Não te deites, que te sentes pior.

Mas ele não se conseguia por de pé e estava a ter dificuldades em se sentar. Sentiu-se deslizar na borracha molhada até ao chão encharcado. Mas não queria saber. Queria apenas sair do barco. Até lá não se conseguia mexer.

– Foda-se João, podias ter-me avisado que enjoavas.

Pedro praguejou ruidosamente enquanto o barco ia de encontro às ondas negras. João ouviu mas sentia o cérebro a fechar-se, enquanto se imaginava no Azar, a ouvir "Rock the Kasbah", tentando bloquear desesperadamente o barulho do motor do barco e das ondas a quebrar e a colidir em volta do barco. As horas pareceram passar, elevando-o para cima e para baixo e de um lado para o outro.

– Deve ser aquilo – ouviu Pedro dizer. – João, levanta-te! Parvo! Ali está ele! Vou piscar as luzes três vezes.

João tentou mover-se mas o barco inclinou-se.

– OK, agora só precisamos de encontrar o embrulho.

Pedro andou em círculos por cima das ondas enquanto João continuou aos solavancos no chão do barco.

– Ali está! João! Ali está!

Pedro mudou de direcção e depois colocou o motor em ponto morto enquanto se inclinava sobre o lado do barco e pescou um garrafão de cinco litros com três balões volumosos e luminosos à sua volta. Atirou-o a João.

– Toma, faz um charro.

João ergueu-se a tempo de ver uma vasta sombra rastejar devagar para a escuridão.

– OK, agora dirigimo-nos para a praia e vamos esperar que não haja polícia ou turistas. Depois podes sair que ajudas tanto como um peixe morto.

João lambeu as palavras como se fossem um gelado. Daqui a pouco estaria fora da tigela de vómito e estaria com a Sasha. E tinha o saque. Quase que se sentiu melhor mas foi aí que João acelerou o motor e começaram a saltar por cima das ondas a cerca de trinta nós. Deixou-se cair novamente na borracha molhada.

Pedro foi devagar em direcção à praia. O mar estava mais calmo perto da costa e João sentiu a vida entrar-lhe novamente no corpo. Vários barcos de pesca nocturnos enfeitavam o mar, como estrelas cadentes. No silêncio da rua, as luzes do passeio e do parque de estacionamento junto à praia, iluminavam o metal escuro dos carros robustos. Deviam ser cerca de duas da manhã, hora de fechar.

– OK, João, estás pronto? Acho que a praia está livre.

João levantou-se e agarrou no garrafão. Tentou retirar os balões mas Pedro insistiu para que os levasse com ele. João não estava em posição de discutir. Endireitou-se no assento pela primeira vez em horas.

– Foda-se, nunca mais – disse ele.

– Nem mais, primo.

Pedro levou-o para a costa ao largo da praia e João pulou grato para o mar. A maré estava baixa como previsto portanto ainda estava a alguma distância da aldeia. Pensou ter visto algumas sombras na praia mas não a de Sasha.

– Onde anda a vaca? – murmurou para si próprio. – Vais ficar bem? – perguntou a Pedro.

– Melhor do que tu.

Pedro virou o barco e voltou em direcção ao mar. João caiu na areia, o garrafão e os balões ao seu lado. Precisava de descansar depois da pior noite da sua vida. Nunca mais na vida entraria num barco. Deitou-se na areia molhada e telefonou a Sasha pelo telemóvel, mas ela não atendeu.

Quinze minutos mais tarde, ela ainda não tinha aparecido e João começou a tremer, mas pelo menos conseguia pôr-se de pé. Tinha que se ver livre dos balões por isso desatou-os, tentou furá-los e atirou-os ao mar. Mas eram fluorescentes como bolas de futebol. Retirou-os e começou a empilhá-los por baixo de umas pedras. Talvez ela se tivesse deixado dormir? Tentou telefonar-lhe outra vez, mas nada. Lembrou-se que não tinha a chave de casa.

– Cabra de merda – murmurou.

Iria mandá-la de volta imediatamente num voo para a bela Rússia. Pegou no garrafão de cinco litros de haxixe embrulhado com espuma. A GNR espreitava a aldeia muitas vezes à noite por isso não queria andar por ali, especialmente com aquilo. Retirou algum e depois enterrou o garrafão bem alto nas rochas onde a maré não chegaria. Depois sacudiu-se e dirigiu-se para a aldeia. Não se via ninguém. Todos os bares estavam fechados e não havia ninguém na sua casa.

– Merda, merda, merda.

Telefonou outra vez a Sasha. Desta vez ela atendeu. Podia ouvir música e bebidas ao fundo.

– Onde raio é que estás? – guinchou.

– Oh senhor Jo-uau. Eu numa merda de festa fantástica. Eu fazer bebidas. Eles pagar cem euros.

Palavras voaram-lhe da boca mas foram capturadas pela escuridão e deixaram-no engasgado.

– Fizeste uma boa viagem de barco?

– Sasha, tenho frio, estou à porta de casa e não posso entrar. Vem cá e abre-me a porta, merda.

– Não. Eu trabalhar até seis.

– Onde é que estás?

– Grande vivenda, no topo da colina.

– Qual é o nome? – disse João serrando os dentes. Iria matá-la quando a encontrasse.

– Eu não dizer. Tu fazer grande drama.

– Diz-me, Sashinha. Jo-uau precisa de dormir.

– Não.

Desligou o telefone.

João sentiu um grito formar-se no fundo do seu estômago a reunir forças enquanto passava pelos pulmões e se dirigia para cima a caminho da laringe. Abriu a boca para o soltar mas colocou o punho na boca a tempo de o parar (a aldeia toda iria ouvi-lo). Em vez disso desceu os seus próprios degraus e deitou-se à porta.

A próxima coisa de que se deu conta foi das pernas da Sasha de pé acima dele, a usar uma mini-saia vermelha, cuecas pretas de renda e saltos altos. A mão dela abanava à frente dele segurando uma chave.

– Que...raios...foda-se...tu...deixaste-me...aqui.

– Tu não fazer sentido. Sai da frente e eu abrir porta.

Grato, cambaleou para a escuridão da casa e dirigiu-se para o seu colchão. Estava cansado demais para a matar agora, mas iria fazê-lo mais tarde. Ela seguiu-o. Ele reparou que o batom dela estava esborrateado.

– Jo-uau. Onde ires? Onde está merda? Preciso de um charro.

– Vai-te foder.

– Oh Jo-uau. Ser bom para linda Sashinha.

João retirou as roupas húmidas e arrastou-se para o colchão. Ouviu-a vasculhar as suas roupas mas foi a última coisa que ouviu até a ouvir gritar.

– Jo-uau, acorda! Acorda!

Ele deu um salto, assustado, olhando para a cara dela como que pintada de branco.

– Que merda, Sasha. Deixa-me dormir, sua cabra. Não sabes o que eu passei ontem à noite.

– Cala-te. Tu já dormir quatro horas. Deixaste a merda na praia?

– Claro que a deixei na praia. Onde haveria de deixar? Tu não estavas lá– gritou João.

Ela ficou em silêncio e olhou para o chão. João nunca a tinha visto desviar o olhar.

– O que é que foi, Sasha? Diz-me.

Deu um passo atrás e olhou para ele.

– A polícia está por toda a praia. Turista encontrar. Pensar que ter alguma coisa a ver com rapariga desaparecida.

João sentiu o sangue a esvair-se dos braços que o sustinham apoiado no colchão. Nem sequer tinha força para a matar.

– Qual rapariga?

– Sabes, a rapariga inglesa que desaparecer da Praia da Luz dois mês atrás. Lembras que haver grande recompensa?

João acenou. Lembrava-se de ouvir qualquer coisa sobre isso.

– Como é que sabes?

– Eu acabar de vir de lá. Eu ver e depois Zé dizer.

Ia perguntar o que é que ela estava a fazer com o Zé mas depois a magnitude do que tinha acabado de acontecer atingiu-o e desfaleceu no colchão. Teria ainda que pagar a Pedro e Ahmad e não poderia colocar Sasha num avião de volta para a bela Rússia. Oh merda. Turistas pacóvios.

– Arranja-me um café e um brandi, Sashinha, enquanto eu penso numa solução.

Pela primeira vez ela concordou.

9. Peixe frito

– Porque é que precisamos de uma licença para colocar um poster na montra? – perguntou Ann, enquanto lavava o chão encardido, de mosaicos cor-de-laranja do seu restaurante de peixe e batatas fritas. Reparou que a montra precisava de ser limpa mas não tinha tempo. Eram 9h45m da manhã e abriam às 10h. Um senhor inglês simpático, tinha-lhes pedido para colocarem um poster na montra, para fazer publicidade ao livro que tinha escrito sobre o Algarve. Ann tinha dito "sim" mas ontem um amigo de Dave tinha-lhe dito que aparentemente não podiam.

– Não sei porquê, amor. Ele só disse que a Câmara não iria permitir sem uma licença – respondeu Dave, o seu marido, acendendo as luzes das fritadeiras e das bancadas. – Deixaste um bocado ali – acrescentou, apontando para um canto.

– Ainda não acabei. Mas isso é a coisa mais ridícula que alguma vez ouvi – disse Ann, espremendo a esfregona no balde. – Ninguém disse nada por causa do poster da rapariga desaparecida.

– Isso foi porque não estava a fazer publicidade a nada.

– Estavam a publicitar o raio de uma recompensa de 10,000 euros! – disse Ann.

– Então não sei. Mas porque é que estás surpreendida? – disse Dave. – Por aqui é tudo um raio de um pesadelo. Passa-me esse pano amor, se faz favor.

Ann não respondeu. Ela sabia que Dave estava a achar a vida no Algarve bastante complicada. Estavam os dois. Não era tanto o gerir do restaurante de peixe e batatas fritas, mas sim todas as leis a que tinham que estar atentos, para estarem a par das coisas. A semana passada tinham tido que colocar um extractor de fumo maior porque o antigo, que funcionava perfeitamente, era cinco centímetros mais pequeno do que devia. Claro que tiveram que pagar a empreiteiros para o fazer e tinham perdido um dia de rendimento. Estavam em meados de Agosto, por isso, todas as horas contavam, uma vez que quase não compensava abrir no inverno. Com os dois mil euros que pagavam de renda por mês, os dez mil euros que tinham pago por cinco anos de trespasse, o IVA em tudo, estavam com dificuldades. Ann não conseguiu evitar pensar que lhe teria dado jeito se tivessem encontrado a pequena rapariga. Tinha sonhado trazer a grande Tradição Britânica para o Algarve, tanto para os britânicos fora do país como para os portugueses, enquanto viviam uma vida folgada junto ao mar da Praia da Rocha. Eles mereciam – os seus dois filhos já eram crescidos e tinham as suas próprias vidas. Ela e Dave estavam apenas na casa dos quarenta, portanto ainda estavam a tempo de fazer qualquer coisa com as suas vidas. Mas, ela tinha que confessar, a vida folgada não estava a ser o que ela tinha imaginado. Já agora, nem o Dave. Enquanto limpava os vidros, apanhou-o a olhar para um par de raparigas novas de mini-saia e saltos altos que iam a passar.

– As batatas estão prontas? – gritou ao pequeno Pete que estava lá atrás.

– Quase – gritou Pete de volta. Conseguia ouvir o cortador de batatas a trabalhar. Tinha havido também os custos das fritadeiras, dos utensílios e de todas as coisas necessárias para equipar o restaurante. Esta aventura tinha-lhes custado cerca de cem mil euros e mal estavam a realizar dinheiro suficiente para viver. Enfim, pensou, levando o balde para a traseira, temos que arriscar na vida. Mudou o avental, atou os cabelos louros que lhe davam até aos ombros com um elástico vermelho e colocou um pouco de batom nos lábios. Não podia fazer grande coisa às rugas em volta dos olhos ou às linhas verticais por cima dos lábios. Ainda assim, não tinha mau aspecto para a sua idade.

As batatas cortadas estavam dispostas em dois grandes recipientes cheios de água e os caixotes de bacalhau, eglefim e linguado, estavam empilhados no chão a descongelar rapidamente.

– Pelo amor de Deus, põe isso no congelador – pediu ela. – Não vamos precisar disso tudo.

– Dave disse que ia tratar disso – franziu as sobrancelhas por uns momentos.

Ia dizer-lhe que o Dave dizia muitas coisas, mas não disse. Obviamente tinha-se esquecido porque podia ouvi-lo a fazer a massa. Não valia a pena fazer uma cena: o Pete foi o melhor que se arranjou. Era rápido e em quatro meses só não tinha aparecido duas vezes.

– Dave, o peixe está a descongelar. Quantos queres? – gritou para o marido.

– Traz-me meia-dúzia de bacalhau, meia-dúzia de eglefim e dois linguados. Trazes amor?

Ann tirou três bandejas e passou rapidamente o peixe pela farinha e levou-o a Dave. Pete foi atrás com dois baldes de batatas cortadas.

– Já há pessoas à espera.

Ela acenou-lhes e gritou que ia lá ter num instante antes de se aperceber que eram portugueses. Ai, que ela ainda nem tinha um menu em português. David atirou as batatas para o óleo que começou a assobiar e a mover-se como serpentes adormecidas acordadas à força.

Foi lá fora onde estavam seis mesas na pequena esplanada na calçada entre o restaurante e o passeio. Protectores contra o vento feitos em vidro e algumas palmeiras leque como pequenas mãos, colocadas em vasos, separavam a esplanada deles da dos dois restaurantes vizinhos. Duas pessoas idosas estavam sentadas, excessivamente bem vestidos, olhando em volta desconfortavelmente. O homem usava um boné e um colete sobre uma camisa branca. A mulher estava a usar uma longa saia de cor azul-marinho, uma blusa de mangas curtas de nylon, meias cor de bronze e sapatos rasos pretos. Parecia que vinham em peregrinação do século passado. O homem colocou um par de óculos enquanto ela se aproximava.

– *Good morning*. Bom dia – disse ela, entregando-lhes o menu.

– Bom dia – começou o homem e depois continuou a falar alto em português. Ann não fazia ideia do que ele estava a dizer. Juntou as mãos no ar e fez um profundo sorriso.

– Peço desculpa! – disse. – Inglês?

O homem abanou a cabeça, ainda a falar português, a olhar para a mulher. Ela não disse nada mas olhou para o menu e depois para Ann expectante. Ann abriu as mãos como as palmeiras dos vasos e torceu a boca como que a fazer um ponto de interrogação. O homem continuou a falar com ela e depois, finalmente, colocou o menu na mesa, tocou no braço da mulher, levantaram-se os dois e foram-se embora.

Ann ficou ali de pé com os menus e o coração pesado. Ela sabia que Dave estava a observá-la junto às fritadeiras. Ela queria aprender português mas era tão difícil. Tinha comprado todas as cassetes e livros mas comprá-los não era suficiente. Pensou ir para uma escola de línguas, ou às lições da Câmara oferecidas a estrangeiros, mas não podiam pagar a ninguém enquanto ela andava por fora. Voltou para dentro do restaurante enquanto Dave estava a tirar as batatas fritas da fritadeira.

– Não te preocupes – disse Dave, sacudindo o óleo das batatas. – Fizeste o teu melhor. A culpa não é tua.

Ann estava quase a chorar; o seu melhor não parecia que tivesse valido remotamente a pena.

– Oh, para quê tanta coisa, amor? A maioria das pessoas fala inglês.

– Mas nós estamos no país deles, Dave.

– Mas nós somos ingleses, Ann.

Ann sentiu-se incomodada com a resposta dele mas não disse nada. Só porque eles eram ingleses não significava que toda a gente tinha que falar inglês. Eles esperavam que toda a gente falasse inglês em Inglaterra (e muitos não falavam) mas eles não estavam em Inglaterra. Resolveu tentar aprender a língua durante as tardes quando não tivessem tanto movimento.

Nessa altura um homem de estrutura larga e atlética com cabelo escuro e raso entrou pelo restaurante dentro, acompanhado por três mulheres jovens gigantes, vestidas de maneira extravagante, de saltos altos, calções, mini-saias e maquilhagem. O homem parecia mais velho (talvez fosse o pai de uma delas). Ou o agente. Ou o chulo.

– Olá, bom dia, têm peixe com batatas fritas? – perguntou o homem num sotaque americano.

– Temos – disse Ann. – Querem sentar-se lá fora ou é para levar?

– São batatas das grandes, empapadas em gordura? – perguntou uma das raparigas com sotaque do sul. Tinha o cabelo escuro afastado da cara e olhos redondos translúcidos da cor do azul do céu. As outras riram-se dela. O homem revirou os olhos na brincadeira. Ele era ligeiramente mais alto que ela.

– São. Tal e qual como no nosso país – disse Dave, agarrando num garfo de madeira e passando-lhe uma.

Ann não pôde deixar de reparar na boca do Dave quase a babar enquanto ela pegava no garfo agradecida. Com a sua careca e cintura protuberante, ele parecia ridículo.

– Ela anda a falar em peixe com batatas fritas há quatro horas – explicou o homem, sorrindo. Ele tinha uns meigos olhos castanhos (meigos demais para um chulo, um agente ou um pai). – Não percebo porquê tanto alarido mas acho que estou prestes a perceber. E que tal?

– Mm! – disse ela e o homem e Dave sorriram. – É mesmo o que eu queria. Tem pão também?

Ann acenou.

– Podemos fazer sandes de batatas fritas.

– Vão fazer-te engordar – disse o homem.

– Não quero saber – respondeu no gozo, batendo-lhe com a mala de mão.

– Querem sentar-se? – repetiu Ann.

– Não, levamos connosco e vamo-nos sentar junto ao mar! – disse uma das outras raparigas. Parecia um pouco mais nova, mas era difícil de dizer.

– Seria bom sentarmo-nos – disse a mais velha. Tinha cabelo longo, louro e liso. – Estou estafada. Charlotte, o que é que queres fazer?

– Vamo-nos sentar. Também estou estafada.

Saíram ao monte do restaurante. Os olhos de Dave babavam atrás delas. Até o pequeno Pete estava a espreitar lá de trás.

– Cabrão de sorte – murmurou Dave.

– Bah! – disse Ann, enquanto reunia os menus. Dave não costumava ser assim. O que é que se passava com os homens de meia-idade? Fugiam com a primeira mulher que lhe piscasse o olho desde que fosse mais nova e compravam-lhe tudo o que elas quisessem. Quando isso aconteceu a Elaine, uma amiga dela, há dois meses atrás, Dave tinha-lhe dito que era porque Mark, o marido, tinha trabalhado arduamente durante vinte anos para sustentar a família, criar os filhos e agora sentia que merecia aproveitar um pouco da vida. Ann não tinha dito nada (parecia demasiado óbvio afirmar que criar e manter uma família unida era a maior felicidade que alguém podia ter). Pobre Elaine. Disse que se sentia como se a sua casa se tivesse desmoronado, como se estivesse a andar descalça pelo entulho do que um dia tinha sido a sua vida. No entanto, ela iria ficar bem. Mark era um idiota.

Quando entregou o menu ao homem, rodeado de raparigas deslumbrantes, sentadas à volta da mesa, tentou imaginar a história dele. Apostava que havia uma mulher a sofrer algures (apesar de que essa não estaria descalça). A culpa normalmente fazia com que os homens pagassem às esposas. Até Mark deixou a casa a Elaine (não que ela tivesse dito que isso tinha ajudado). Mas Ann apostava que daqui a uns meses ela já sentiria diferente em relação ao assunto.

– Estão de férias ou estão a viver aqui? – perguntou ela, sorrindo para eles.

– As duas coisas – disse o homem e deu uma gargalhada. – Aqui as miúdas estão a trabalhar.

Ele pareceu divertir-se com o ar confuso que a cara dela deve ter aparentado.

– São bailarinas – disse ele.

Ela acenou e disse que devia ser divertido.

– Há quanto tempo estão cá? – perguntou-lhe, recostando-se na cadeira com as mãos por detrás da cabeça. Ele era feito de autoconfiança.

– Há cerca de quinze meses – disse Ann.

– O negócio está bom?

– Não está mau – disse ela. – De início é difícil orientarmo-nos mas estamos quase lá.

– Bem, vocês são o único restaurante de peixe com batatas fritas em km e km de distância e só sei que elas me fizeram andar a conduzir às voltas à vossa procura durante horas.

A de olhos azuis da cor do céu bateu-lhe outra vez e as outras riram-se. O homem pareceu indignado.

– E não é verdade? – perguntou.

– É verdade. Andámos à procura por todo o lado. Eu queria bacalhau com batatas fritas e um pão com manteiga – disse a de olhos azuis cor do céu, saboreando devagar cada palavra.

Os outros pediram o mesmo e duas garrafas de litro de água com gás.

– E sal e vinagre por favor! – pediu uma enquanto ela se afastava.

– São turistas? – perguntou Dave quando ela entrou.

– Não, são bailarinas.

– Bailarinas? Aqui?

– Não sei, não perguntei.

Ann deu o pedido ao marido, depois voltou lá fora para tomar nota de mais pedidos de outros britânicos que estavam a puxar as cadeiras (a t-shirt com a bandeira Britânica denunciava-os).

As outras mesas encheram-se rapidamente e não demorou nada para que Ann andasse a correr de um lado para o outro com pratos de peixe com batatas fritas, empadas de vaca e rim, também com batatas fritas, empadas de galinha, bolinhos de peixe, rodelas de ananás e morcela. O sol queimava por entre as aberturas da esplanada coberta, entre o restaurante deles e o dos vizinhos. Se olhasse para a direita podia ver um manto azul de mar: o mar azul-escuro contra o azul mais claro do céu. Por vezes, só lhe apetecia enrolar-se naquele manto. Só tinham passado um dia inteiro na praia três vezes nos passados quinze meses, apesar de que às vezes ela levantava-se cedo e ia dar uma volta junto ao mar antes do pequeno-almoço para ver as ondas precipitarem-se até à areia; outras vezes as ondas trepavam cuidadosamente praia acima, como se tivessem medo do que lhes poderia acontecer se tocassem nos grãos de areia.

– Vês, não precisas de falar português – disse Dave.

Ele tinha razão. Como de costume, o resto dos clientes dessa manhã foram ingleses (com excepção do americano com as bailarinas, que deixaram uma gorjeta de catorze euros).

Não obstante, assim que acabou o movimento da hora de almoço, sentou-se lá atrás na cozinha, junto aos baldes e às batatas fritas com o seu *Survive in Portuguese* e foi lendo todas as frases uma vez e outra. Depois colocou o CD no aparelho, ouviu e repetiu as frases.

– Cristo, Ann, não sei para que te ralas. Há tanto para fazer. Para começar há pessoas lá fora à espera.

– Será que não podias servi-las uma vez que fosse – disse ela, levantando os olhos e fazendo um sorriso.

– Não, esse trabalho é teu, amor.

– Bem, eu fui buscar-te o peixe esta manhã e coloquei o resto no congelador antes que eles começassem a nadar outra vez.

– Eu sei, amor. Mas tu és melhor a servir do que eu.

– Tu nunca tentaste!

Sentindo que estava a ser um pouco má, pousou o livro na cadeira e foi lá fora servir os clientes. Queriam cerveja e batatas fritas.

– A mim parece-me chinês – brincou Dave, abanando a cabeça em direcção ao leitor de cassetes, enquanto ela voltava com os pedidos. Ela reparou numa cópia do Daily Mail dobrada no parapeito da janela.

– Então e tu sabes chinês? – perguntou Ann, sem pensar.

Dave olhou para ela de forma estranha.

– Não te armes em esperta. Não te fica bem.

Ann voltou ao livro dela.

– O que é que deseja? – repetiu várias vezes. Tentou dizê-lo a alguns dos clientes mas olharam para ela sem a mais pequena ideia. – Estou só a praticar – explicou.

– Não me parece que precise aprender a língua – disse um cliente.

– Eu desenrasco-me, "bom dia" e "obrigado" – disse outro. – É tudo o que é necessário, não é? Mostrar um bocadinho de boa vontade?

Nessa altura um cliente respondeu em português. Disse que queria "só batatas fritas" e "uma água".

– Obrigada – disse Ann, o seu coração batendo como o de um pássaro bebé tentando levantar voo.

A mulher era alta e tinha cabelo escuro e podia ser portuguesa, mas depois falou inglês com o rapaz que estava com ela e que lhe parecia familiar. Ann lembrava-se vagamente que ele tinha ali estado antes.

Ann explicou:

– Estou a tentar aprender a língua.

– Muito bem – disse a mulher. – Muitos não querem saber.

– Onde é que aprendeu? – perguntou Ann.

– Sozinha. Mas nós vivemos na serra portanto não há muita gente que fale inglês. Há mais oportunidades para praticar.

– Eu queria empada de vaca e rim com batatas fritas – disse o homem. – Ah, e uma cerveja.

A mulher olhou para ele desafiante mas ele evitou-a olhando para o menu.

Ann foi buscar as bebidas. Aqui em Portugal podiam vender álcool. Não tinha a certeza se tinha sido boa ideia (depois de saírem dos bares no Reino Unido a última coisa de que as pessoas precisavam era uma cerveja com as batatas fritas, mas para além de uns quantos miúdos desordeiros, não tinha havido problemas). Tinham decidido vender apenas cervejas de garrafa e vinho. Ou seja, manter tudo o mais simples possível. Havia muitos mais sítios para quem quisesse beber.

Enquanto levava as bebidas para o jovem casal, não pôde deixar de escutar a conversa. A mulher estava a ralhar com ele por causa da bebida. Ele tinha prometido que nunca mais iria beber depois do que tinha acontecido da última vez. O homem estava confiante a assegurar-lhe que agora era diferente, que conseguia controlar-se e que era só uma cerveja, pelo amor de Deus. Tinha prometido que não tocava em bebidas espirituosas (e não tinha tocado, fora o medronho, ou tinha?). Ela sussurrou que a vida era dele e Ann suspeitou que vinha aí mais qualquer coisa mas ela chegou com as bebidas. Sentiu-se um pouco culpada ao vazar a cerveja, mas era apenas uma cerveja. Toda a gente gostava de uma bebidinha de vez em quando, mas alguns não sabiam quando parar. Talvez ele fosse um desses. Fosse qual fosse a situação, parecia ser mais uma relação em apuros, pensou, enquanto entornava a água no copo da mulher. Tantos casais que vinham para o Algarve e se separavam. Não sabia porquê. Talvez fosse por serem forçados a questionarem-se muito acerca deles próprios. Ou talvez fosse porque tinham mudado tanto as suas vidas que não sabiam quando parar.

No final da semana, Ann tinha conseguido chegar ao fim do livro e estava a começar a resultar. Praticava com toda a gente que podia. Tentou falar português no supermercado Alisuper e nos restaurantes. Toda a gente respondia em inglês, o que era bastante irritante, mas ela depois perguntava como é que eles diziam isso em português e repetia. Não tardou muito para que os habitantes locais a cumprimentassem em português e apesar de ela não conseguir ir muito mais além do que "Tudo bem" e o estado do tempo, fez mais progressos numa semana do que tinha feito num ano. Estava a ter dificuldades com os verbos "ser" e "estar". "I am well" era "Estou bem" e "I am English", "Eu sou Inglesa". Um era temporário, o outro permanente. Ela não tinha a certeza se percebia como é que algumas coisas podiam ser permanentes. Por exemplo, "I am married" que significava "Sou casada" ou "I am a businessman/woman", "Eu sou empresário(a)" ou "I am kind", "Eu sou simpática" eram permanentes. Mas como é que podem ser permanentes quando a vida podia mudar amanhã? Ela podia mudar. Talvez pertencessem a um tempo em que estas coisas eram para sempre.

Ela traduziu o menu com a ajuda da mulher que tinha a papelaria e colocou um lá fora em português. O marido dela continuou a perguntar porque é que ela se ralava, mas passados uns dias ela também já não se ralava em lhe responder enquanto ele estava sentado a ler o Daily Mail no seu banquinho à janela, a ver as raparigas de biquíni e calções.

Portugal e a maioria da Europa do sul, tiravam o mês de Agosto para férias e ainda assim não tinham clientes portugueses. Mas havia muitas outras nacionalidades que davam uns toques de português e gostavam de praticar também. Tinham muito movimento (Ann mais atarefada que os outros, uma vez que ainda estava a estudar sempre que podia, incluindo depois do trabalho).

– Porque é que ainda estás com isso? – disse Dave, uma noite quando estavam na cama. – Estás com ar de cansada e não tens tempo para mim e ainda não precisaste de usar a língua, amor.

– Queres dizer que estou cansada demais para ter sexo? – desafiou Ann, olhando para ele por cima do dicionário. Queria saber como se dizia "*batter*".

– Isso também. Mas nunca tens tempo para uma bebida depois do trabalho. Estás a ser uma chata, amor.

– Isso é porque não gosto de me levantar com uma ressaca, Dave. Tu sabes isso. Teremos mais tempo no inverno para relaxar.

Ela virou a página. Massa crua para fritos. Parecia uma maneira longa para explicar a palavra "*batter*".

Ele resmungou e deixou-se dormir, ressonando alto.

Então um dia, no início de Setembro, um grupo de portugueses vieram sentar-se na esplanada. Ann sentiu o coração dar um salto. Eram seis pessoas, quatro adultos e duas crianças.

– Boa tarde – disse ela, entregando-lhes o menu.

– Boa tarde – disse o homem e perguntou se podia explicar como é que o peixe era cozinhado.

Ela disse-lhe que o peixe era envolto em massa crua e depois frito. Tinha praticado. Começaram todos a falar uns com os outros. Ann não percebia muito. Depois o homem perguntou se ela podia fazer dois sem a massa? Ann pensou com cuidado. O bacalhau em particular desfazia-se muitas vezes mas não sabia como dizer isso.

– Linguado ou eglefim são melhores para fritar.

O grupo concordou e pediu quatro de bacalhau e batatas fritas, dois eglefins (sem a massa) e batatas fritas, uma garrafa de vinho e uma *Seven-up*.

– Obrigada – disse Ann.

Queria saltar por cima das mesas enquanto entrava no restaurante, acenando o pedido triunfantemente.

– Consegui! Consegui! – disse ela.

– Conseguiste o quê, amor?

– Recebi um pedido em português.

– Bem, não deve ser assim tão difícil.

Ann sentiu a elação esvair-se pelos dedos.

Dave devia ter reparado na expressão da cara dela quando acrescentou:

– Quer dizer, uma vez que tinhas o menu traduzido.

Mas era tarde demais.

Ann entregou-lhe o pedido e tirou o pequeno avental.

– O que é que estás a fazer, amor?

Ann não respondeu. O dia estava quase no fim. Dave daria conta do recado, uma vez que fosse. Saiu do restaurante para o passeio. Não sabia onde ia ou quando devia parar, mas os olhos viraram-se para o alto para onde as gaivotas mergulhavam e planavam pelo céu. Queria envolver-se no azul. Virou à esquerda em direcção ao mar, apenas vagamente ciente do marido a chamar por ela.

10. O cão cantor

Günter parou ao fim da praia e fixou o olhar nos restos de neblina a evaporar do mar, como se fossem fantasmas de partida. O sol estava a levantar-se, uma bola rosada, a sair do horizonte e a entrar no azul-bebé do céu, incendiando o mar branco de cetim. Sentou-se num rochedo e acendeu um charro que tinha preparado antes de sair de casa, sempre com os olhos fixos no Doch, que nadava em linha recta a vinte metros da praia. Mais abaixo, um barco de pesca estava a chegar de uma noite de pescaria e o tractor roncou antes de virar em direcção ao mar.

Doch ladrou enquanto uma gaivota pairava por cima dele e começou a nadar mais rápido.

– Tu não podes voar, Doch – disse Günter, sorrindo.

As patas com membranas interdigitais não valiam de grande coisa no céu, para desapontamento de Doch, enquanto dava volta e nadava na trajectória de voo da gaivota. Günter assobiou-lhe e Doch virou e veio em direcção à praia. Günter fumou o resto do charro e deixou a mente à deriva, para lá do mar. Aqui tinha encontrado o paraíso. Um mundo no qual havia tempo para apreciar o nascer do sol e a beleza da natureza, para partilhar a ceia e fazer amizades, para amar o tempo em vez de o procurar. Aqui o mundo era como devia ser, longe do capitalismo global que tinha varrido todo o mundo como uma mancha de petróleo, criando sociedades rígidas, com stress, ganância, competitividade e egoísmo. Era um mundo onde a pobreza era julgada pela falta de dinheiro em vez da falta de espírito. Um mundo que lhe chamava falhado. Nesta pequena aldeia piscatória do Algarve a pobreza não era julgada pelo dinheiro e pelas coisas. Aqui, podia ser ele próprio.

Ocorreu-lhe que era irónico como, tradicionalmente, em todas as sociedades antigas, a compreensão e a sabedoria nasciam do estudo, meditação e viagens, tanto físicas como mentais. A aquisição de bens e dinheiro não era o que as pessoas procuravam, desde os monges do Tibete, aos sadhus da Índia e aos profetas do

Islão e da Cristandade. Nenhuma religião ou filosofia ensinava que a aquisição de bens materiais levasse à felicidade ou à iluminação. Claro que, comida, aquecimento, roupas e abrigo eram fundamentais e eram direitos de qualquer ser humano, mas para além disso...

Os pensamentos de Günter pousaram na água do mar enquanto Doch se sacudia. Günter riu-se e deu-lhe umas palmadinhas na cabeça.

– Tu não queres comprar o último modelo da BMW ou investir meio milhão de euros numa vivenda ou títulos do tesouro, pois não Doch?

Doch abanou a cabeça, ladrou e sentou-se junto a ele, os seus olhos pretos cravados nos de Günter. Chamava-lhe "Doch" porque concordava sempre em pontos nos quais Günter tinha dúvidas. Bem, geralmente...

– Claro que não. Olha em volta!

Günter abriu os braços como que para abraçar o mar, a areia e o céu.

– O que mais poderíamos querer?

Doch saltou e ladrou duas vezes.

– *Ja*, OK, um bocado de droga e uns quantos ossos seria bom, não seria?

Afagou as orelhas pretas de Doch que rebolou na areia, um sorriso idiota revelava os dentes afiados como uma navalha.

Uns palermas de uns turistas tinham chamado a polícia depois de encontrarem o haxixe do João na praia, dizendo que pensavam que teria alguma coisa a ver com a rapariga desaparecida. Será que achavam que a tinham encolhido para caber num garrafão de cinco litros? Ninguém na aldeia acreditava que alguém pudesse ter pensado algo tão estúpido. Eram também alemães. Günter tinha-se sentido envergonhado mas isso não era um sentimento novo. Ninguém o tinha acusado. Claro que ninguém tinha dito que pertencia a João e portanto ninguém tinha sido preso, mas toda a gente sabia que era dele porque assim que a GNR se foi embora, João tinha praticamente cavado a praia sozinho, para se certificar que o tinham realmente levado.

– Vamos lá então, Doch, *Frühstück*.

Doch ladrou e correu à sua frente, saltando em direcção às gaivotas a grasnar. Günter seguiu, devagar, apreciando as pregas que as suas botas faziam na areia fofa. As gaivotas em volta do barco de pesca estavam a deixar Doch tonto de excitação e frustração. O seu único propósito na vida parecia ser perseguir gaivotas. Uma vez tinha apanhado uma, a sua asa partida, torcida de fora da sua boca, os seus olhos azuis pálidos abertos, mas mortos. Doch deixou-a cair na areia e deu-lhe uns toques com o nariz, ladrou-lhe, mas como ela não se levantou ele pôs-se em marcha. Tal como a vida, o que era divertido era o caminho e não o destino.

Günter colocou a trela em Doch enquanto passavam pelo barco de pesca de Jorge, o *Fica Bem*. O pequeno Mário estava lá mas estava a olhar para o mar em vez de olhar para o peixe a ser descarregado. Estava lá quase todas as manhãs, como se esperasse a volta do pai. Pobre Mário. Mas ele não era o primeiro a perder o pai. Os pais eram pessoas falíveis. Se não morriam tendiam a desaparecer de alguma maneira. O de Günter tinha fugido com outra mulher quando ele ainda era bebé. A mãe tinha-lhe contado que o pai costumava ir vê-lo até ele ter à volta de três anos, mas que depois tinha começado a sua própria família com a outra mulher e que desde aí nunca mais tinha entrado em contacto. Günter não tinha qualquer memória dele e não podia dizer que tinha saudades, já que nunca o tinha conhecido. Depois, ele próprio tinha deixado uma mulher grávida há vinte e cinco anos. Não tinha ficado a saber se era rapaz ou rapariga, ou se ele ou ela ainda estavam vivos. Esperava que nunca tivessem tido saudades dele e tinha quase a certeza que não tinham tido. Mas Mário já era um pouco mais velho: sabia o que tinha perdido e isso tornava tudo mais difícil.

– Bom dia Günter – chamou Jorge.

– Bom dia.

– Tudo bem?

– Mais ou menos. Não há muito trabalho de momento.

– Então levo-te a pescar.

– *Ja gut.*

Mais "bons dias" foram trocados com os velhos pescadores sentados no banco, apoiados em cajados, e a usar os seus bonés. Era o ritual da manhã. Günter atravessou a praça e sentou-se na pastelaria vazia para beber um café. Era princípio de Setembro e a maré tinha levado muitos dos turistas. Olhou em volta à procura de Paul que tinha dito que precisava que ele fizesse umas pinturas mas não havia sinais dele. Trabalhadores estavam a repor a calçada à mão – toc, toc, toc. Era a terceira vez que a cavavam e substituíam. Günter sorriu. Só aqui (ou na velha USSR) é que isto podia acontecer.

Pegou no Correio da Manhã e folheou as quatro páginas sobre a rapariga desaparecida. Se estava a perceber bem, os pais estavam agora a ser acusados de esconder o corpo após morte acidental. Günter mudou de página. Sem dúvida que amanhã haveria outra teoria. A próxima página anunciava que Bin Laden estava vivo, livre e a fazer vídeos e que o Afeganistão estava outra vez atarefado a produzir ópio. Veio-lhe Orwell à cabeça.

Esmeralda, a mulher do dono da pastelaria, trouxe-lhe uma bica e uma vasilha com água para Doch. Trouxe também restos para Doch que tinham ficado da noite anterior. Günter pediu uma bifana para si. Isto iria mantê-los até à noite.

Günter sentou-se ali durante uma hora mas Paul não apareceu e ninguém o chamou. Só tinha três euros e cinquenta cêntimos mas não estava preocupado: aparecia sempre alguma coisa. Se não, podiam sempre dar um espectáculo de rua. Pagou e voltou para a ruína onde tinha assentado arraiais na primavera. Tinha uma porta partida que levava a um corredor com um quarto de cada lado, ambos com o tecto intacto. Günter tinha escolhido o quarto à direita para habitar porque o outro tinha uma grande racha que ia do telhado até ao chão, que parecia um relâmpago. A estrutura das janelas já tinha apodrecido há muito tempo mas Günter tinha colocado uma cortina velha em frente da janela. Tinha encontrado no lixo um colchão onde dormir, uma pequena mesa e duas cadeiras e tinha um saco-cama. Tinha também encontrado uma estante que estava agora cheia de livros, um fogão de campismo, alguns pratos e panelas e tinha construído um *barbecue* improvisado lá fora. Até tinha encontrado um leitor de CD e a sua guitarra estava encostada a um canto. Tinha tudo o que precisava.

Toda a gente sabia que ele estava ali, mas ninguém dizia nada. Dois habitantes locais tinham-no avisado que era melhor não ficar ali no inverno porque não seria preciso muito para que viesse tudo abaixo. Todos os invernos partes do telhado abatiam. Günter não estava muito preocupado, assim que os turistas se fossem embora no fim do mês poderia alugar um quarto.

Doch foi sentar-se nos seus cobertores e Günter prendeu a cortina para trás para deixar entrar alguma luz do sol e sentou-se à mesa enrolando outro pequeno charro. Depois abriu um livro sobre Marx e Engels em inglês que lhe tinha sido dado ontem por uma mulher inglesa. Ela era, ou tinha sido, professora e tinha ali um apartamento. Günter não a conhecia muito bem, mas ontem de repente tinha-se tornado bastante amigável. Ele suspeitava que ela era bastante correcta como a maioria dos "macaquinhos da ilha" mas o interesse nele tinha visivelmente aumentado quando ele lhe tinha dito que tinha um curso superior em ciências políticas. Foi aí que o livro apareceu.

Günter tinha escrito uma dissertação em ideologia política e apesar de não se considerar estritamente Marxista, era óbvio para ele que mais gente devia estudar Marx e conhecer os perigos do sistema capitalista. Claro que o capitalismo era insustentável e Günter estava continuamente surpreso pelo facto de as pessoas não verem isso. Os peixes grandes estavam a ficar maiores e mais gordos todos os dias, à medida que as grandes companhias engoliam as mais pequenas. De acordo com Marx, cada vez um menor número de capitalistas beneficia com o aperfeiçoamento da industrialização, enquanto os trabalhadores se tornam cada vez mais dependentes e desesperados, incapazes de sair desse círculo vicioso. Bastava olhar para os pobres canalhas que vinham de férias para a aldeia piscatória para desanuviar por uns dias. Podem ter uma casa e um carro, mas parecem meio-mortos quando chegam à praia. E havia alguns que ainda estavam piores. Marx sublinhou que o preço das comodidades deveria ser a renumeração do trabalho para as produzir, mas numa sociedade capitalista isto nunca pode acontecer porque a competição entre os empregados fá-los aceitar menos do que lhes é devido, daí que os pobres fiquem mais pobres. A sua solução, claro, era a abolição da propriedade privada e a redistribuição do trabalho e produção. "De cada um, de acordo com as suas habilidades, a cada um, de acordo com as suas necessidades," o que talvez fosse ingénuo mas isso não diminuía o poder da crítica ao capitalismo. A dada altura Günter pensou que a qualquer momento num futuro próximo o capitalismo iria implodir. O que é que iria acontecer quando já não houvesse mais peixes médios para comer? Os grandes peixes teriam que ser alimentados pelo Estado, caso contrário iriam morrer levando com eles milhões de pequenos peixes que dependiam deles, não só nos seus países mas também globalmente, uma vez que havia agora uma economia global. O mundo financeiro iria entrar em colapso.

– Hei Günter? Estás aí?

Doch começou a ladrar.

Günter foi até à porta e encontrou a mulher inglesa que lhe tinha dado o livro, a Sarah, a caminhar pelo trilho até ao terreno baldio em direcção a ele.

– Olá Sarah.

– Olá, como estás? Olá cão.

– Doch.

– Ah, Dog.

De qualquer modo ela afagou-lhe as orelhas. Ele saltou em volta dela.

– Estou muito bem. Estava a dar uma olhadela ao livro que me deste ontem. É uma publicação Russa.

– Sim, eu estudei na Rússia.

Günter ergueu as sobrancelhas. Talvez ela não fosse assim tão "macaquinho da ilha".

– Russo e Francês– clarificou ela. – Línguas e literatura. Vivi em Moscovo durante um ano na era do Gorbachev.

– O último presidente da União Soviética.

– O presidente fantasma de um estado fantasma – disse ela sorrindo.

Ela tinha olhos verdes e os seus cabelos, agora brancos, brilhavam quase como que angelicamente.

– Infelizmente.

– Talvez. Era um raio de uma miséria no entanto, a não ser que fosses membro do Partido, claro. Tinha a sua própria elite, lamento dizer. E era muito corrupto. A única maneira de conseguir uma mesa num restaurante era através de subornos, dólares de preferência, e depois mais subornos para conseguir alguma coisa para comer. Ainda assim não podias escolher.

Ela sorriu.

– *Ja, Ja*, era a mesma coisa na Alemanha de Leste.

– Claro. E depois havia as casas pré-fabricadas. Eu vivi numa durante um ano e foi verdadeiramente deprimente. Não era um mundo bonito. Quem é que disse que a razão por que há tantos crimes na América é porque eles têm papel de parede feio?

Günter abanou a cabeça. Nunca tinha ouvido isso antes mas havia uma certa verdade nisso.

– Não me lembro, mas o que é um facto é que precisamos de beleza nas nossas vidas. Queres ir tomar um café? Estou a caminho da praia, por isso podíamos ir a um dos cafés se quiseres. Pago eu.

142

– Obrigado – disse Günter. – Acho que são horas de uma cerveja. Anda lá então, Doch. Esta senhora simpática vai pagar-nos uma bebida.

– GUN-TA! GUN-TA!

Ergueu os olhos e viu Sasha a acenar freneticamente para ele da estrada. Ele acenou de volta.

– ESPERA! EU IR!

– Quem é aquela?

– É a Sasha, a Russa maluca. Ainda não a conheceste?

– Não, ainda não.

Sasha subia e descia pelo meio das ervas meio a correr, meio a andar, através do caminho.

– Gunta, tens alguma coisa para eu fumar?

– Sasha, esta é a Sarah. A Sarah sabe Russo.

– Olá. Russo? Conhecer-me? Gunta, isto é uma emergência. Precisar de droga para o Jo-uau. Ele muito doente.

– Tenho alguma, mas não muita.

Günter virou-se e entrou na ruína. Partiu uma migalha e levou-a a Sasha, dando com ela a tagarelar com Sarah em Russo.

– Por que tu não dizer que ela falar Russo? – perguntou Sasha num tom acusatório.

Günter encolheu os ombros e entregou-lhe o bocadinho de droga.

– O que é que se passa com ele?

– Com quem?

– João.

– Ah, acho que ter depressão. Ele diz que estar em buraco negro. Eu dizer-lhe para sair mas ele dizer que a luz o vai matar. E também o Pedro tentar matá-lo porque lhe deve dinheiro.

Günter sorriu para si próprio. João devia dinheiro a toda a gente, até a ele. Ele ia convidá-los para cá virem mais tarde mas depois lembrou-se que agora tinha menos de dois euros. Mas, tinha uma garrafa de Capataz.

– Diz-lhe que venha até cá quando o sol se puser para um copo de vinho.

– OK, Gunta. Bom. *Ciao*.

Sasha virou-se e fugiu mais uma vez pelo terreno baldio.

– Ela é doida – disse Sarah. – Ela trabalha aqui?

– Quem sabe? Ela tem uma má, como se diz, *reputa*?

– Reputação.

– Reputação. Há quem diga que ela é prostituta e que sustenta o João, outros dizem que o João é que a sustenta a ela. Não importa. Ela é boa pessoa, muito engraçada.

Günter colocou a trela a Doch.

– Ela disse que um alemão qualquer lhe roubou a fortuna. O que é que aconteceu?

Günter riu-se e enquanto iam para a pastelaria ele contou-lhe acerca da droga encontrada na praia. Atravessaram a pequena ponte e passaram pelos barcos estampados na praia enquanto os pescadores se amontoavam à sombra olhando para o mar. Jorge estava a falar com um turista que usava sapatos engraxados, calças de vinco e uma camisa branca de mangas curtas. Jorge cumprimentou Günter e Sarah com um aceno de cabeça e Günter trocou mais uns "bons dias" com os pescadores a descansar, tendo depois atravessado para o passeio que levava até ao último restaurante de madeira. Sentaram-se numa mesa na esplanada. Sarah ajustou a sombrinha e pediu um café para si e uma cerveja para ele.

– Ainda não encontraram a pequena rapariga – disse Sarah, fixando o olhar na praia onde crianças estavam absortas a construir castelos na areia. – É extraordinário quando o mundo todo está à procura dela!

Günter encolheu os ombros.

– Também não encontraram o Osama Bin Laden.

– Sim, mas provavelmente está muita gente a escondê-lo.

– Talvez estejam muitas pessoas a escondê-la. Ou talvez estejam ambos mortos.

– Talvez. Ouviste dizer que eles agora dizem que a mãe pode tê-la morto acidentalmente ao dar-lhe um comprimido para dormir, ou coisa parecida, e encoberto as provas? Que mãe faria isso? É escandaloso.

Günter não disse nada. Era um assunto delicado com os britânicos. Cláudia trouxe-lhes as bebidas e uma malga de água para Doch.

– Bem, o que é que achas? – espicaçou Sarah.

– O que eu acho? Sei que não foram o João e a Sasha, apesar de achar que lhes deve ter dado algumas ideias já que andavam ali pela praia na semana passada à procura de uma criança que pudessem raptar para poderem ficar com a recompensa.

Sarah riu-se.

144

– Mas a polícia fez o suficiente por aqui? Sabes, no Reino Unido dizem que não estão a fazer o suficiente.

– Eu acho que eles usaram toda a força policial em Portugal, milhões em dinheiro dos contribuintes e muitas pessoas estão a fazer horas extraordinárias sem serem pagas. Toda a gente que conheço foi encostada e questionada. Todas as carrinhas foram paradas e revistadas. Tens que ver todos os cartazes, as recompensas, os jornais, as notícias.

– A sério? Nunca dizem isso em Inglaterra.

– Sabes como é a vossa imprensa de tablóides.

– Pois. O que achas disto tudo?

– Penso que como disse o Estaline, que quando cem mil pessoas morrem é uma estatística, mas quando desaparece uma criança é uma tragédia.

– É verdade.

– Todos os dias desaparecem centenas de crianças.

– Sim, claro. Mas no entanto isso não faz com que se torne menos trágico.

Ficaram em silêncio a olhar para o mar. O sol estava agora mais alto, o mar mais escuro, profundo e brilhante, com a textura de uma pintura a óleo, contrastando com a cor mate de aguarela do céu. Uma das coisas que sempre maravilhava Günter era como o mar estava constantemente a mudar. Existiam tantas variantes, cores e padrões: os ventos, as nuvens, as marés, as estações, a hora, todos agiam na paisagem marítima para garantir que não haveriam dois dias iguais, nem duas horas e nem dois minutos.

– É lindo – sussurrou Sarah.– Achas que vais ficar por aqui?

– *Ja*, por agora. Não quero voltar para a Alemanha. As pessoas do norte da Europa perderam as vidas e a cabeça. Vivem vidas malucas a trabalhar, trabalhar, trabalhar. São infelizes e estúpidas demais para perceber porquê.

– O quê? Toda a gente?– Sarah sorriu-lhe.

– Não, nem toda a gente. Mas quase.

– Bom, foi o modo como a sociedade progrediu, não é? Temos que ganhar a vida para sobreviver. Temos que trabalhar porque precisamos de dinheiro.

– Sim, por causa do capitalismo. É a grande máquina horrorosa que uma vez ligada, não pode ser detida até atirar o mundo para o caos. Mas vai acabar em breve.

– Duvido! Foi o Comunismo que falhou, lembras-te?

– *Ja*, porque países como a Rússia cometeram muitos erros. Mas, olha para o mundo capitalista de hoje. Está fora de controlo. Os governos vão ter que intervir e tomar posse de todas as grandes companhias, particularmente dos bancos, porque eles vão levar o mundo à falência.

Sarah riu-se.

– Essa é um bocado forte. Como é que eles poderiam fazer isso?

– Porque dão demasiados créditos. Um dia as pessoas apercebem-se que não podem pagar o empréstimo, ou como é que vocês dizem, hipoteca, porque perderam o emprego porque havia demasiada competição. Os bancos pedem mais emprestado uns aos outros mas à medida que as pessoas não conseguem encontrar trabalho, não podem gastar, por isso a economia abranda. Cada vez mais pessoas ficam desempregadas porque não são precisas nos trabalhos, porque ninguém está a comprar nada, e por isso mais e mais pessoas ficam sem poder pagar as dívidas e mais gente retira dinheiro dos bancos. De repente os bancos não têm dinheiro suficiente. E pum-pum! O capitalismo destrói o mundo.

– Isso é um bocado extremo!

– *Ja*, vais ver. Vai acontecer.

– Queres outra cerveja?

– Claro, mas lamento dizer que não tenho dinheiro.

– Não te preocupes, por enquanto os bancos ainda têm dinheiro. Eu pago.

Sarah chamou Cláudia, apontou para os copos e sorriu.

– Tu não tens realmente dinheiro?

– Tenho pouco mais de um euro.

Sarah riu-se.

– Não mais que isso?

– Não.

– Não tens poupanças? Não tens nada? Meu Deus, não sei como é que vives.

– Aparece sempre alguma coisa. Tenho trabalho no parque de campismo na semana que vem. E damos concertos se tudo o resto falhar, não é Doch?

Günter assentiu com a cabeça a Doch e ele ladrou.

– Que tipo de concertos? – perguntou Sarah.

– Eu toco guitarra e o Doch canta. Tens que vir connosco um dia.

146

– Irei. Queres um empréstimo? Estou aqui até à semana que vem.

– Obrigado mas não é necessário.

– Por que é não vais para o desemprego? Têm uma boa segurança social na Alemanha, não é verdade?

– Por que teria que viver lá. Eu prefiro estar aqui. Aqui sou livre.

– Isso é admirável.

Cláudia trouxe cervejas e fizeram um brinde, beberam à liberdade e olharam mais uma vez para o horizonte, aquela linha ilusória.

Depois de Sarah ir para a praia, Günter foi à torneira pública na praça e encheu dois garrafões de cinco litros, deixou-os à porta de casa ao sol e passou a tarde sentado lá fora numa cadeira a ler o livro que Sarah lhe tinha dado. Escolheu ler um discurso dado por Engels na sepultura de Karl Marx. Era difícil em inglês e deu consigo a procurar as palavras no dicionário. "Marx era o mais odiado e o homem mais caluniado da sua época" (o mais caluniado de acordo com o dicionário). Günter enrolou a palavra na língua durante uns momentos. "Caluniar", um verbo transitivo, "calúnia", "caluniador", cantando cada palavra. Doch ladrou animado.

– *Ja*, boa ideia Doch. – Pegou na sua guitarra. – Marx diz que todos devemos ter comida, bebida, abrigo e roupa antes de enveredarmos pela política, ciência, arte ou religião, por isso do que é que estamos à espera?

Doch ladrou que estava pronto e deambularam até à beira mar onde Günter abriu a mala da guitarra, retirou a guitarra e começou com umas canções de Bob Dylan. Assim que atingia notas altas, Doch juntava-se a ele. Juntou-se rapidamente uma multidão enquanto Günter cantava e Doch uivava. As pessoas bateram palmas em apreço e umas quantas moedas de um euro rolaram para dentro da mala. Passada meia-hora, acabaram com "Mr. Tambourine Man". Günter fez uma vénia, recolheu as moedas e guardou a guitarra. Tinha dinheiro suficiente para hoje. Depois foi à loja comprar algum pão, fiambre e tomates e presenteou Doch com uma lata de Pedigree de sabor a galinha. Estava com sede depois de todo aquele cantar por isso passou pela pastelaria para beber uma cerveja. Não havia sinal de João ou da sua depressão. Ou de Paul. Talvez ele lhe telefonasse amanhã. Não que isso importasse agora. Tinha dinheiro suficiente para hoje.

Günter sentou-se lá fora e bebeu a sua cerveja, enquanto observava alguns turistas a voltar para os seus apartamentos, para tomarem um duche e mudarem de roupa, antes de se dirigirem para os restaurantes. Por momentos, Günter pensou quão bom seria tomar um duche quente, uma grande refeição num restaurante, mas depois lembrou-se de como teria que viver o resto dos 351 dias do ano e sentiu-se imediatamente grato por poder viver aqui todos os dias. Além disso, os garrafões de água já deviam estar quentes por esta altura.

Voltou para a ruína e lavou-se por entre os arbustos com os seus garrafões de cinco litros de água morna. Ninguém o conseguia ver da rua. Secou quase instantaneamente com os raios de sol

148

ainda mornos e colocou uma camisa lavada. Depois abriu a lata de Pedigree e deu a Doch o seu jantar. Estava prestes a fazer uma sandes de fiambre para si quando ouviu vozes perto da ruína.

Foi à porta e viu Jorge e Zé a aproximarem-se. Jorge estava a carregar um balde, Zé um saco de carvão e uma garrafa de vinho.

– Olá Günter. Temos jantar – gritou Jorge.

À medida que se aproximavam, Günter podia ver rabos de peixe a espreitar pelo topo do balde.

– Nós fazemos o *barbecue*!

Günter sorriu. Isto só podia acontecer aqui. Abriu a garrafa de Capataz enquanto Jorge dava início ao *barbecue*. Zé preparou o peixe. O seu telemóvel tocou e era Paul a telefonar por causa da pintura para amanhã. Acordou estar lá às dez da manhã.

– Então nada de trabalho hoje à noite, Zé?– perguntou Günter, vazando o Capataz dentro dos frascos de mel vazios. Zé era empregado de mesa no Paraíso, o maior restaurante da aldeia. Era um homem jovem, de vinte e cinco anos ou por aí. Tinha a vida à sua frente.

– Não, hoje é noite de folga.

– Ele tem a depressão – disse Jorge em voz alta. – Apaixonou-se pela rapariga bifa há seis meses e não se apercebeu até ela se ter ido embora. Agora, todas as noites está miserável que nem o diabo.

– Ah, eu lembro-me. A Zoe?

Zé acenou.

– Falei com ela um dia. Era simpática: uma professora inglesa. Mas pode ser que volte. Sabes que toda a gente que cá vem volta sempre – disse Günter.

– Achas que sim? – os olhos negros de Zé quase que choraram.

– *Ja*, claro. Por que é que não lhe mandas uma mensagem?

– Não tenho o número.

– Eu tenho.

Günter encontrou o número no seu telemóvel e mostrou-o a Zé. As mãos de Zé tremeram enquanto inseria o número no seu telemóvel.

O cheiro a peixe grelhado encheu o céu negro e o calor do vinho substituiu o dia que ia arrefecendo. O Capataz escorria quase sem se dar conta e Günter deu consigo a abrir outra garrafa enquanto se sentava a saborear o peixe e o pão. O peixe era fino, macio e suculento, salgado e ainda assim doce.

– Sabes, houve um turista que veio falar comigo hoje quando estava sentado com os velhos pescadores na praça, depois de tu vires – disse Jorge. – Disse-me que era banqueiro em Londres e que eu devia pedir dinheiro emprestado ao banco para comprar um barco maior que apanhe mais peixe. Depois quando eu fizesse mais dinheiro devia comprar outro. E outro. Devia empregar pessoas para trabalhar para mim e apanhar mais peixe e fazer mais dinheiro. "OK, e então depois?" perguntei. "Bem, eventualmente," disse ele, "depois de digamos uns vinte anos, estarás rico e podes reformar-te e ficar a ver passar o mundo." "É uma boa ideia," disse eu, "mas que raio é que pensa que estou a fazer agora?"

Günter abriu a boca e soltou uma estridente gargalhada.

– Tu disseste isso?

Jorge piscou-lhe o olho.

– Os capitalistas estão sempre preocupados com o futuro – disse Günter. – E devem estar porque qualquer dia a bolha vai rebentar e esses banqueiros vão ficar enjoados no mar – disse Günter e enquanto o dizia sabia com todo o seu coração que era verdade. Talvez já tivesse começado.

Vazou mais vinho e depois pegou na guitarra. Arranhou umas cordas, grato pelo momento e por ter comido bem, estar com amigos e de beber vinho debaixo de um céu cheio de estrelas brilhantes. Depois começou a cantar "The Internationale" em alemão. O Doch juntou-se-lhe imediatamente enquanto Jorge e Zé erguiam os copos e cantavam em português. Passos fizeram-se ouvir pelas ervas secas e palavras russas cortavam o ar enquanto João e Sasha apareciam.

– Porque cantar essa canção de merda? – gritou Sasha. – Tu quer saber como é viver em país comunista, eu digo. É merda.

11. Botas Velhas

– Tem que tirar uma senha – gritou Rita ao velhote que tinha entrado a mancar no Centro de Saúde, com um cajado tão ossudo como os seus joelhos. Parecia que tinha vindo a pé do Alentejo, as solas das suas botas de cabedal pareciam bocas abertas com sede. Ela percebeu logo que ele não saberia escrever e que ela teria que preencher as fichas por ele. Onde estava a Patrícia? Eram quase quatro horas da tarde e Rita devia estar a ir-se embora. Tinha prometido levar a mãe à serra, mas não se podia ir embora enquanto a sala estava apinhada com trinta e dois corações desconsolados e só um médico e duas enfermeiras para os atender a todos.

O homem olhou para a máquina de senhas confuso. Rita deu um audível suspiro mas, felizmente, outro paciente levantou-se e mostrou-lhe como pressionar o botão. O homem retirou a senha e ficou com ela erguida enquanto estudava os números. Rita podia ver que estava de cabeça para baixo. Era inútil.

– Venha cá – disse ela, levantando o braço e dobrando os quatro dedos em direcção a ela própria.

O homem coxeou até ela.

– Em que é que o posso ajudar?

– Não me sinto bem. É o meu estômago. Estou cheio de dores.

– Então quer ser visto por um médico?

O homem disse que sim com a cabeça, a sua cara parecia um esfregão de palha d'aço. Os seus olhos negros tinham afundado como buracos na areia, que se enchiam progressivamente.

– Tem o cartão de utente?

O homem tirou o bilhete de identidade.

– Isto não é o cartão de utente. Tem mais alguma coisa?

O homem abanou a cabeça.

– Onde é que vive?

O homem encolheu os ombros.

– Onde é que foi ao médico a última vez?

– Nunca fui ao médico.

– Bem, então precisa de ir às Finanças para tirar o seu Cartão de Utente. Oh, sente-se – disse ela.

Ia dar uma palavra ao Doutor Ferreira e talvez ele o pudesse atender rapidamente sem ter que preencher papelada.

– Número 412– gritou Rita.

Uma rapariga nova de cerca de dezassete anos levantou-se.

– Vá por ali para o consultório à esquerda. O doutor vai atendê-la num minuto.

A enfermeira veio e perguntou pela Dona Luísa Saraiva e uma senhora idosa a usar um chapéu de algodão e um casaco de lã levantou-se, deixando o marido entretido com um livro. Deu-lhe um toque no pé quando passou por ele. Ele olhou para ela, a sua sobrancelha franzida, enquanto ela desaparecia pelas portas opacas.

Rita suspirou, dobrou-se debaixo do balcão e retirou um donut. Mal tinha tido tempo para almoçar. Não tinha parado e estava a sentir-se cansada de tudo isto. Mas, pelo menos, daqui a dois anos ia ter uma reforma mais ou menos decente. Ela era uma pessoa com sorte. A vida era ainda mais difícil para os idosos no Algarve. Tinham trabalhado arduamente toda a vida, cavando a terra, semeando, plantando, podando, colhendo, cavando outra vez, reparando as suas casas devastadas pelos ventos, chuva e sol, olhando pelos animais, fazendo pão, medronho e presunto para levarem para vender no mercado...Nunca tinha fim. Não tinham tido tempo para ir à escola e o ditador fascista da época não os tinha encorajado. Tinham trabalhado até não poderem mais e não tinham acumulado mais do que uma pilha de escombros enquanto as casas caíam e não havia dinheiro para as reparar. Muitos estavam agora sozinhos porque as famílias tinham morrido ou se tinham mudado dali.

Ela sabia como era; tinha crescido na serra de Monchique e lembrava-se do colchão húmido que tinha que partilhar com a irmã, os quartos frios e a cozinha cheia de fumo que costumava deixar-lhe os olhos vermelhos. Não tinham água quente, nem casa de banho, nem aquecimento. Tinha que caminhar uma hora para chegar à escola no cimo da serra. Apesar do que a mãe dizia, não era um mundo idílico nem harmonioso. Naqueles tempos havia uma dúzia de famílias, cinquenta e tal habitantes na aldeia que falavam mal uns dos outros e discutiam sobre quem é que tinha mais tempo de irrigação. Ela até se lembrava das famílias se denunciarem umas às outras à PIDE. Era este o mundo a que a mãe se tinha agarrado por tanto tempo; tiveram praticamente que a raptar para a trazer para a civilização.

A mãe da Rita era uma das que tinha tido sorte: tinha família que olhava por ela em Portimão. Não que ela desse valor a isso. Ela agora estava a viver com a Rita e o marido, o João, uma vez que a cunhada, a Alicia, não aguentava as queixas sobre o caldo verde dela saber a água suja e dos vegetais não serem verdadeiros. Estava sempre a deixar a casa e a vaguear por Portimão à procura de ar fresco, reclamando que as ruas estavam entupidas de mau hálito. No início Alicia tinha ficado contente com a companhia, mas semana após semana, dizia que a mãe era impossível e por isso teve que se mudar para casa da Rita e do marido. Agora era o marido dela que olhava por ela, uma vez que ainda precisavam do salário que Rita ganhava no centro de saúde para sobreviverem. Rita tinha ficado entusiasmada quando o agente imobiliário lhe tinha dito que tinham encontrado um comprador para a casa da mãe situada na serra. O dinheiro ia ajudá-los a fazer face às despesas. Podia ajudar o seu filho Rui, que estava a estudar arquitectura em Coimbra e as sobrinhas que agora tinham as suas vidas em Lisboa. No entanto ainda não tinha dito à mãe e não acreditava que aceitasse a notícia muito bem. Este fim-de-semana podia ser a sua última oportunidade de ficar na serra. Mesmo que a venda não se concretizasse estavam no fim de Setembro e as chuvas iriam começar dentro em breve. Tinham lá ido quase todos os Domingos durante o verão, mas só durante o dia porque Rita não gostava de lá passar a noite. A sua mãe estava sempre a dizer que precisava de falar com os estrangeiros mas eles nunca lá estavam.

Um estrondo trouxe-a de volta ao balcão enquanto alguém tentava enfeixar pela porta dentro. Credo, murmurou, limpando os restos de açúcar e as migalhas da boca. Um homem de meia-idade estava a ser meio carregado, meio arrastado pela entrada por uma mulher jovem, alta, de sapatos altos, mini-saia vermelha, meias pretas e a cara branca com pó de arroz, os olhos delineados com lápis preto e os lábios pintados de vermelho. Veio directamente ao balcão e falou com ela num português com sotaque carregado.

– Tu ajudar ele. Ele precisar doutor. Ele muito doente.

– O seu cartão de utente por favor – pediu ao homem que se balançava devagarinho. Tinha olhos azuis lacrimosos dando à sua normalmente tez escura, um tom acinzentado.

– Isto ser emergência e querer fazer papelada! Ele muito doente. Talvez ele morrer.

– Tome – disse o homem, colocando um cartão de utente danificado em cima do balcão. As pontas estavam todas gastas como se tivesse usado o cartão para cortar coisas com ele. Ou então tinha-o roído.

Rita fixou o olhar no homem. Se isto era uma emergência devia ir para o hospital e cabia-lhe a ela dizer-lhe isso.

– O que é que se passa? – perguntou.

– Ele ter buraco negro dentro. Ele não comer. Ele não fumar. Ele não beber. Ele mal falar. Olha para ele. Ele parecer fantasma.

Rita quase que sorriu. Não lhe parecia que fosse uma emergência, a não ser que ele tivesse tomado uma dose excessiva de qualquer coisa.

– Ele tomou drogas? – perguntou.

– Não! Droga, não. Ele não dinheiro.

– Preencha isto – disse ela. – Número 413 – chamou enquanto a rapariga nova saía.

– Nós ver doutor agora? – perguntou a mulher.

– Não, têm que tirar uma senha e esperar a vossa vez. O doutor vai vê-lo assim que puder.

A mulher levou o homem dali, murmurando que isto nunca aconteceria na Rússia. Rita esteve tentada a dizer-lhe que então devia voltar para lá, mas claro, não disse. Mas, realmente, não achava justo que viciados em drogas e alcoólicos, tomassem o tempo do médico, quando era tudo provocado por eles próprios, enquanto centenas de outros estavam a sofrer sem ter culpa nenhuma.

O telemóvel tocou. Era o João. Ela respondeu e disse-lhe que não podia falar. O telefone da recepção começou a tocar.

– Estamos à espera no carro – disse João. – Onde estás?

– Não demoro a ir para casa – disse ela, desligando o telemóvel bruscamente e atendendo o telefone para fazer uma marcação para a Dona Fernandes, para dali a quatro semanas, no fim de Outubro, a única vaga disponível até lá.

Onde estava a Patrícia? Já passava quase um quarto de hora. A senhora idosa saiu acompanhada pelo doutor. Rita viu o Doutor Ferreira olhar em volta da sala de espera e quase que conseguia ouvir os seus gritos. Ela explicou-lhe que o senhor idoso não tinha cartão de utente e ele concordou atendê-lo assim que pudesse. O outro médico, o Doutor Nunes, não o teria feito.

– Número 414 – chamou.

Saiu finalmente às cinco da tarde, uma hora mais tarde do que deveria ter saído e, claro, não haveria lugar a pagamento extra. Patrícia tinha chegado a correr, com pedidos de desculpas; o carro não tinha pegado e teve que apanhar o autocarro, mas o autocarro não tinha aparecido. Rita vivia ali perto. Normalmente gostava da caminhada e muitas vezes parava para um galão e um pastel de nata, a caminho de casa, na sua pastelaria favorita, mas hoje teve que se apressar de volta ao seu bloco de apartamentos, para dar com a sua mãe e João ainda sentados no velho Renault Clio branco. A sua mãe estava sentada no banco de trás como se fosse uma boneca de porcelana, o seu cabelo cinzento e branco até aos ombros estava afastado da cara por uma bandolete verde.

João não se deu ao trabalho de sair do carro para lhe dar um beijo, só disse simplesmente:

– Ora aí estás. Estamos à tua espera há uma hora.

– Peço desculpa, a Patrícia atrasou-se.

Nessa altura a mãe abriu a porta do carro.

– Estou cansada de estar aqui sentada. Preciso de fazer chichi – disse ela.

– Olá mãe, eu já estou quase pronta para irmos. Não pode aguentar mais um bocadinho?

– Não.

– OK, então vamos à casa de banho. De qualquer maneira, é melhor eu mudar de roupa.

Entraram todos no elevador até ao quarto andar. Rita sentiu-se de repente cansada e com fome. Seria melhor se fossem na manhã seguinte mas o João já tinha tudo pronto. Implicaria descarregarem o carro.

A sua mãe foi à casa de banho enquanto Rita foi à cozinha, abriu o frigorífico e enfiou dois sonhos na boca. Ignorou o olhar de João. Estava a olhar para ela impacientemente.

– Ainda não lhe disseste, pois não? – perguntou ela.

– O quê?

– Acerca da oferta que foi feita à casa?

– Não, claro que não. Acho que não devíamos dizer nada. Ela disse-me que ia ficar lá e que os vizinhos jovens e simpáticos iam olhar por ela.

– Meu Deus.

Ainda a mastigar, Rita foi ao quarto e mudou de roupa para algo mais confortável e quente. Estaria frio na serra quando chegassem. Quando se acabou de preparar a mãe já não estava na casa de banho.

– Onde é que ela está? – perguntou a João que se tinha mudado para a sala e ligado as notícias.

Os pais da rapariga desaparecida que tinham sido acusados estavam a dizer qualquer coisa mas ela não teve tempo de ler as legendas uma vez que João estava a apontar para o quarto da mãe.

– Mãe? – chamou. – Está pronta?

A mãe estava deitada de barriga para cima na cama, com um cobertor a cobri-la e uma cruz de madeira e uma imagem de São Sebastião por cima dela. Rita podia ver as botas de couro desbotadas e já gastas, que lhe davam até aos tornozelos, a espreitar ao fundo do cobertor. A mãe já as tinha há uma eternidade. A geração da sua mãe eram pessoas rijas e nem lhes passava pela cabeça tirar as botas em casa. Até as levavam para a cama às vezes. Rita ia tirar-lhas mas decidiu não o fazer. Não queria aborrecê-la ainda mais. Uma foto a preto e branco da sua avó, mãe, pai, de Rita e da sua irmã, com o burro ao fundo, estava em cima da mesa-de-cabeceira numa moldura de prata. Rita teria apenas três ou quatro anos. Quase que conseguia sentir o cheiro da humidade da casa através da foto desbotada. Rita e a sua irmã estavam descalças.

– Mãe? Está bem? Vamos.

– Não me apetece muito, filha. É o carro, sabes, faz-me sentir enjoada e já passei uma hora nele. Dói-me o estômago.

– Mas estava parado, mãe!

– Eu sei mas ainda assim faz-me sentir doente. Podemos ir amanhã e depois fico lá? Os estrangeiros simpáticos olham por mim.

– Duvido, mãe, eles têm a vida deles. E não há médico para lhe ver as costas.

Rita fez uma festa na mão da mãe. Linhas e manchas escuras marcavam a pele flácida. Rita não gostava do caminho que a conversa estava a tomar.

– Eles têm olhado pelo Martinho. Tenho que o ver. Preciso de o ir buscar de volta.

Rita não fazia ideia do que ela estava a dizer. O pai já tinha morrido há quinze anos. Tocou na testa da mãe: não estava quente mas os olhos negros e redondos pareciam estar a ver coisas que ela não estava.

– Pode ver os estrangeiros esta noite quando formos, mas tem que voltar. Lembre-se que tem uma consulta na terça-feira por causa das suas dores de estômago.

– De que é que servem os médicos? Quando chega a nossa hora não há nada a fazer e prefiro morrer na minha serra do que neste caixão.

Rita usou os seus anos de paciência, para engolir a comparação que a mãe estava a fazer da sua casa com um caixão mas, ao mesmo tempo, não conseguiu parar as palavras que lhe jorraram boca fora.

– Mãe, acho que deve saber. O agente imobiliário, o homem que vende casas, encontrou um comprador. Precisamos do dinheiro, mãe, para olhar por si e pelo resto da família. Por isso acho que devemos ir todos à serra agora para aproveitar ao máximo este fim-de-semana. O que é que diz?

A boca da sua mãe abriu-se um pouco para dizer qualquer coisa e Rita arrependeu-se imediatamente de ter dito o que disse.

– Claro que não vamos para a frente com o negócio se a mãe não quiser – acrescentou, sabendo que era tarde demais.

– Podias ter esperado até eu arrumar botas – disse ela e virou-se de lado de modo a ficar de costas para Rita.

– Oh mãe, você pode viver ainda mais uns quinze anos, ou vinte quem sabe! O que é que fazemos nessa altura?

– Não vivo tanto tempo – disse a velha senhora.

– Podemos ir embora agora, por favor?

Mas a sua mãe puxou o cobertor até ao pescoço e fechou os olhos.

– Por favor, mãe. A previsão do tempo é boa. Vamos passar um último fim-de-semana maravilhoso na serra.

– Não me sinto muito bem, filha.

Rita suspirou.

– OK mãe. Vou-lhe buscar qualquer coisa para comer.

– Não quero nada.

Rita voltou para a sala onde João ainda estava a ver as notícias. Sentou-se exausta. Estava cansada de estar sempre a tentar agradar a toda a gente.

– Ela não vai – disse Rita.

– Disseste-lhe? – disse João.

Rita disse que sim com a cabeça.

– Agora já não a conseguimos fazer ir.

– Eu sei. Ela diz que não se sente bem. Diz que está enjoada do carro.

– Então é melhor descarregar o carro.

Foram lá abaixo ao carro e carregaram para cima a caixa térmica cheia de comida, dois sacos grandes para passarem a noite, e vários sacos de plástico contendo *Seven-ups* e *Coca-cola*, bolos e batatas fritas. João tinha tido uma trabalheira para se lembrar de tudo. Rita retirou para fora as coisas da cozinha e aqueceu sopa de legumes para todos. Colocou um prato numa bandeja e levou-a à mãe. Iria explicar-lhe que iriam à serra amanhã e que, se a mãe quisesse, ela cancelava o negócio. Agora que tinha reflectido, talvez se tivesse precipitado. Afinal de contas, era improvável que a mãe estivesse por cá mais um ano, quanto mais vinte.

Quando abriu a porta, pôde ver que a mãe estava por debaixo dos lençóis. A boca estava ligeiramente aberta e o cabelo áspero estava caído pela cara. Rita ficou com os olhos cheios de lágrimas quando se apercebeu que a mãe tinha tirado as botas e que as tinha colocado cuidadosamente aos pés da cama, voltadas para a porta.

12. A partida

– Ed, o problema é que gastaste quase tanto quanto as casas te vão custar e tudo o que temos são cinco opções. Pelo amor de Deus, já estamos em Outubro. Já aí estás há seis meses! Agora, tens que voltar a pôr o traseiro em Londres, para trabalhar alguma coisa e cobrires todos esses custos. Não podemos, enquanto empresa, suportar todas as despesas que tens feito.

Ed afastou o telemóvel do ouvido e sentiu os seus olhos rolar nas órbitas. Charlotte olhou para ele complacente enquanto mergulhava um camarão no molho de alho. Ela estava deslumbrante como sempre, com uma t-shirt branca moldada aos seios e as calças de ganga azuis justas às pernas. Tinha um bronzeado castanho dourado e o cabelo estava despenteado apenas o suficiente para ele lhe querer mexer. Ela lambeu os dedos. Estavam sentados à mesa do costume frente ao mar, no restaurante preferido deles em Portimão. O restaurante era conhecido como oferecendo uma nova experiência gastronómica. Normalmente era assim, mas agora Ed estava a sentir dores de estômago. O James estava a fazê-lo perder o apetite rapidamente. Pela primeira vez desde que tinha chegado, o sol não estava a brilhar e ar estava fresco.

– Tudo bem, James. Não fiques tão stressado. Ainda tenho coisas a resolver por aqui.

Ed usou o seu melhor sotaque Britânico formal.

– Ed, não percebeste. Acabou-se. Voltas ao escritório na segunda-feira e ficas aqui, ou vais para a rua homem.

James imitou o sotaque Americano de Ed.

O telefone desligou-se. O canalha.

– O que é que foi, Ed? – perguntou Charlotte. – Come. Os camarões estão óptimos.

– Pediram-me para voltar para ir a uma reunião na segunda-feira.

– Oh não! É o meu dia de folga. Pensava que íamos a Espanha. E tu vais?

160

– Não sei, borracho.

Ed estava a pensar rapidamente. Em americano. Eles não podiam despedi-lo: ele era um dos três directores, a não ser que estivessem a pôr uma cláusula nos contractos que dissesse que todos tinham que passar o mesmo tempo no escritório. Agora que pensava nisso, talvez já houvesse essa cláusula. Ele estava ciente que tinha estado a gastar muito dinheiro, mas era tudo no interesse dos clientes e da companhia. Teve que comprar um Land Rover para andar às voltas nos caminhos da serra. Tinha alugado um apartamento em Portimão para poupar nas contas do hotel (tudo bem que era um apartamento muito bom com vista para o mar, mas não era exactamente uma *penthouse*). Raios, ele tinha gasto apenas cinco mil libras por mês. Uma quantia normal em Londres.

Não queria que Charlotte soubesse porque é que eles queriam que ele ficasse em Londres. Ela tinha ainda mais seis meses de contrato e era feliz aqui. Tinha trocado um futebolista rico por ele. O divórcio ainda não tinha saído mas Rodrigo tinha concordado comprar a parte dela na casa de Chelsea e Ed tinha-lhe prometido que comprariam uma casa em Richmond. Também lhe tinha prometido um Mercedes amarelo descapotável e que não a deixava (nem por um dia).

– Ed! Come! O que é que se passa contigo? – Charlotte semicerrou os seus olhos de um azul eléctrico como se fossem dois faróis magnéticos. Sentiu-se puxado até aos lábios dela e beijou-a. Depois molhou um camarão no molho de alho e partiu-o com uma dentada, deixando a cabeça entre os seus dedos.

– Nada, borracho.

O telemóvel tocou outra vez. Desta vez era Collette a dar-lhe os dados do voo para segunda-feira de manhã. Ele disse a Collette que estava bem e agradeceu-lhe, desligando depois o telemóvel.

– O que é que foi isso? – perguntou Charlotte.

– Era só a Collette para confirmar umas datas.

– Pensava que tu é que eras o patrão? Como é que eles te podem ordenar que voltes?

– Sócio.

– Bom, e que tal se déssemos uma volta pela serra e encontrássemos mais umas quantas propriedades? Não tenho ensaio esta tarde. Talvez se encontrássemos algumas muito baratas os teus sócios te deixem em paz.

Ed não acreditava que isso fosse suficiente para não ter que voltar na segunda-feira, mas podia dar-lhe alguma margem de manobra, para apanhar o voo seguinte de volta para Faro. Por acaso havia algumas propriedades que ele gostaria de ver.

– Tu és uma mulher esperta, borracho. Obrigada. É isso mesmo que vamos fazer.

O Mostarda estava estacionado na marina. Tinha tido a perspicácia de colocar o tejadilho na noite passada, uma vez que estava previsto chuva. Um vento gélido soprava do mar.

– Fixe, vai chover – disse Charlotte, colocando o seu casaco creme *North Jacket*, olhando para o céu a escurecer. – É a primeira vez em meses! Pelo menos o Mostarda vai ser lavado. Temos que lhe mudar o nome para pudim de ovos.

Riu-se como se tivesse dito a piada mais engraçada de sempre.

Ed riu-se com ela.

As primeiras bagas começaram a cair quando passaram pelo supermercado Lidl e pelo centro comercial. Quando chegaram à Max Mat e à rotunda, a chuva começou a cair no tejadilho como se fosse pedras.

– Oh, está a entrar pela janela! – disse Charlotte.

– Raios, isto não é chuva. Isto é um tsunami! – disse Ed.

O limpa-vidros estava a trabalhar o mais rápido possível e só conseguia limpar o pára-brisas por pouco mais que um segundo.

– Talvez seja melhor esperarmos que passe – disse Charlotte.

– Não. O Mostarda vai aguentar-se. É um SUV, que raio.

Viraram para a serra na direcção de Alcalar e Senhora de Verde e deslizaram montanha acima como um salmão contra a corrente. O interior do Mostarda estava a ficar encharcado à medida que a água entrava pelas costuras. Isto não era dia para andar a ver propriedades, pensou Ed.

– Vamos parar para um café – disse Ed, encostando junto a um pequeno café à esquerda. Desligou o motor e sentaram-se por um bocado até não verem mais nada a não ser correntes de água cinzenta a escorrer pelo pára-brisas. – Estás pronta?

Nos dois segundos que levaram a correr do carro para o café, parecia que tinham saltado para um rio. Uma poça gigante formou-se à sua volta enquanto chegavam à porta aberta do café sombrio. Era um local típico Algarvio, gerido por um homem de bigode com metade do tamanho de Ed, que vendia café, cerveja, sandes de queijo e fiambre em papo-secos que não eram frescos, Snickers e gelados. Havia três homens a um canto a beber pequenas garrafas de Sagres que ficaram a olhar para Charlotte, como se ela tivesse caído de Vénus. Ed pediu cafés e levou-a para outro canto, o mais longe possível dos homens babosos. Sorriu à medida que lhe lia as caras, que diziam "sortudo", ou lá o que se dizia em português. Podiam babar o que quisessem.

– Nunca vi tanta chuva – disse Charlotte, sacudindo o casaco. – Espero que a Vicky e o Pedro não tenham saído no barco hoje de manhã.

– Acho que não. O Pedro sabe o que faz.

– É realmente muito bonito. Nunca pensei dizer isto, mas depois de quase seis meses de sol é agradável ver chuva.

– Quanto tempo chove? – perguntou Ed em português voltando-se para o homem com o bigodaço e olhos verdes escuros. Inveja, pensou Ed.

– Uma semana – disse o homem, movendo a mão de um lado para o outro e confirmando depois com os outros três homens. Uma semana pareceu ter sido o tempo acordado, talvez um mês.

– Fixe!

Ficaram a ver a estrada lá fora transformar-se num rio e o parque de estacionamento num lago.

– Férias? – perguntou o homem.

– Negócio – respondeu Ed. – Casas.

– Comprar? – perguntou o homem, com o bigode a tremelicar.

– Sim.

Esta tinha sido a conversa mais longa que ele tinha tido em português e Charlotte estava a olhar para ele com admiração. Fê-lo sentir bem, mas não conseguiu perceber a enxurrada que se seguiu (principalmente quando os outros três homens se juntaram à conversa, pedindo mais cervejas e bebidas brancas, vazadas de uma garrafa sem rótulo). Dois copos pequenos com o nome da aldeia, Boa Vista (uma de muitas), vieram parar à mesa deles. Aparentemente havia lá três casas para vender. O homem tentou explicar onde ficavam no mapa, desenhando num guardanapo.

– Quanto custa? – perguntou Ed.

O homem fez "hmmm" e "aaah" e depois escreveu 100,000. Ed sabia que era muito, mas valia a pena ir dar uma olhadela.

– Quantos donos? – perguntou, querendo saber quantas pessoas estavam envolvidas na venda.

O homem fez "hmmm" e "aaah" outra vez e abanou a mão no ar como se não tivesse importância. Ed pensou que não era bom sinal.

As cinco casas que tinha encontrado tinham sido um pesadelo já que havia dezenas de donos envolvidos. Depois de três meses em negociações ainda não sabiam quando seria a escritura. O advogado tinha-o avisado que poderia levar um ano para completar a venda e que já seria bom. Ed pôde no entanto, pelo menos, fazer com que o arquitecto fizesse um projecto entretanto. Ed descobriu que comprar e vender casas em Portugal era uma tarefa feudal, a não ser que se tratasse de uma vivenda nova. Muitas casas tinham sido vendidas em troca de uma nascente ou em troca de mais terra; metade dos donos tinham morrido ou desaparecido, ninguém sabia quem era dono do quê. O governo português não parecia ter-se empenhado em modernizar o sistema para que ficasse a par do resto da Europa. Era de loucos. Mas, quando fossem renovadas, cada um teria milhares de euros em lucro. E era tudo dinheiro que os clientes queriam que desaparecesse e por isso era uma situação em que ambos ficariam a ganhar. Um sistema imobiliário feudal era equilibrado por um sistema bancário discreto. E estava James a queixar-se das suas despesas. Forreta.

– Parou de chover! – disse Charlotte.

Foram todos espreitar lá fora para ter a certeza e de facto, tinha parado. Tinha, pois.

– OK, vamos? – perguntou Ed emborcando de uma só vez a bebida branca. Foi como se lhe tivesse queimado um buraco da garganta até ao estômago.

Charlotte já tinha bebido a dela. Ele foi tirar o mapa do carro e estava apenas ligeiramente molhado. Abriu-o na mesa do café. Tentou fazer com que o homem lhe mostrasse onde é que era mas nem um, nem outro, conseguia encontrar a Boa Vista e as estradas do mapa pareciam confundir toda a gente.

– Não foi muito boa ideia. Ainda estou para encontrar um mapa que corresponda vagamente às estradas – disse Ed. – Anda, vamos. Havemos de encontrar.

Charlotte pegou num guardanapo.

Ed pagou menos de um euro pelos cafés e partiram de novo. As estradas ainda pareciam rios e o ar estava pesado com a precipitação. As nuvens cinzentas corriam agora pelo negro do céu. Ed sentiu-se bastante animado enquanto partiam. Se ele conseguisse assegurar outro negócio, então poderia ter a certeza que conseguiria que a sua viagem a Londres fosse curta.

Subiram pela serra, até Casais e viraram à esquerda tendo-se deparado com um nevoeiro cinzento e denso como algodão. Viraram à direita e serpentearam pelo lado oeste da serra onde o nevoeiro desapareceu rapidamente e uma luz estranha cinzenta brilhou na serra. Nuvens errantes flutuavam pelos vales como fantasmas.

– Sabes onde estamos? – perguntou ele a Charlotte.

– Não.

– Esta estrada está no mapa?

– Não. Achas que devemos parar e perguntar a alguém?

– Se conseguirmos encontrar alguém, borracho.

– Viraram à direita na próxima intersecção e pararam junto a um carro estacionado. Um grupo de casas cortava pela encosta da serra para que apenas os seus telhados irregulares de cor terracota pudessem ser vistos da estrada. Ed encostou. Um homem alto estava a entrar num Mercedes.

– Olhe, fala inglês? – interpelou Ed.

– Sim – respondeu o homem, aproximando-se.

– Conhece algum sítio chamado Boa Vista por aqui?

– Bastantes. Incluindo este. – O homem riu-se. – Têm alguma ideia de qual procuram?

– É suposto haver três casas para venda.

– Hm, acho que não é aqui. Há algumas para venda no vale mas aí não é Boa Vista. Se for pelo caminho abaixo até à casa, há ali uma rapariga nova chamada Sónia. Cresceu aqui e é muito provável que saiba.

– Obrigado – disse Ed. – Queres esperar aqui? – perguntou a Charlotte, mas ela já estava a sair do carro.

Foram pelo caminho abaixo em direcção à pequena casa de pedra. Fumo saía da chaminé. Ed bateu à porta e foi recebido por vozes que gritaram "está aberta". Empurrou a porta pesada e deparou-se com uma sala cheia de gente, crianças, cães e uma nuvem de marijuana. Hippies. Havia pelo menos três homens, duas mulheres, cinco crianças e três cães, e possivelmente ainda mais a espreitar por debaixo da mesa.

– Entre, quem quer que seja – gritou uma mulher de cabelos brancos do sofá. – E quem é esta linda senhora?

– Olá a todos, eu sou o Ed e esta é a Charlotte. Nós estamos à procura da Boa Vista onde há três casas para venda. Sabem onde é que poderá ser?

A casa estava limpa e relativamente arrumada mas Ed sentiu-se claustrofóbico. Estavam todos a olhar para ele.

– É americano ou inglês? – perguntou a mulher.

– Bom, nasci num lado e vivi no outro – disse Ed, pensando se isso faria alguma diferença.

– Ele é britânico – disse Charlotte. – Dá para ver pela maneira como levanta o nariz.

Ela riu-se e os outros juntaram-se-lhe.

– Não faço nada isso – disse Ed indignado.

Mas teve que ceder, toda a gente estava agora a sorrir para eles.

– Mas viveste na costa oeste. Estou correcta?

– Durante dez anos – disse Ed ligeiramente surpreendido. – São Francisco.

– Bem me pareceu. Também trabalhei lá há muito tempo.

– A sério? – disse Ed.

Provavelmente em Oakland onde estavam todos os hippies.

– Sim, na Missão. Nos bons velhos tempos em que éramos livres de fumar. De qualquer modo, aqui chama-se Boa Vista, mas tanto quanto sei, não estamos à venda. Mas eles não me contam tudo.

A mulher riu-se. Foi mais um cacarejar, pensou Ed, mas tinha que admitir que ela era muito perceptiva. Provavelmente era uma bruxa.

– Cala-te, mãe. Tem que falar com a Sheila – disse uma mulher de cerca de trinta anos com longos cabelos louros que mexia uma mistela no fogão. – É a nossa agente imobiliária local.

– Em Monchique? Qual é a agência?

– Ela não trabalha bem para uma agência. Todos os portugueses que querem vender as suas casas vão ter com ela porque ela fala português e conhece muitos estrangeiros. Ela vive a cerca de quatro quilómetros daqui, no próximo caminho à esquerda.

– Um homem que encontrámos na estrada disse para falarmos com uma Sónia? – disse Ed.

– A Sónia está aqui? – perguntou a loura aos outros habitantes.

– Está na casa da árvore – disse o homem com o barrete, pegando num machado e levantando-se da mesa. Foi à porta e gritou, "SÓNIA".

– Então vocês já cá vivem há muito tempo? – perguntou Ed, assim que o homem com o machado se foi embora.

– Dois anos.

– E gostam?

– Sabe, Ed, não restam muitos lugares no mundo onde se possa fugir à correria e ser-se nós próprios, mas este é um desses lugares.

166

Longe do resto do mundo e ao sol. Bem, hoje não está grande coisa mas precisamos da chuva. Não queremos mais fogos.

Ed queria perguntar como é que eles viviam longe da correria e do stress uma vez que claramente não trabalhavam, mas foi nessa altura que uma rapariga portuguesa ainda nova, mas muito atraente, entrou.

– Ah, esta é a Sónia, a nossa jovem advogada.

Sónia corou.

– Olá Sónia – disse Ed. – Uma pessoa disse-nos que és capaz de saber onde é que há uma Boa Vista com três casas para vender?

Sónia colocou dois dedos junto à boca enquanto pensou.

– Querem uma chávena de chá? – perguntou a loura a Charlotte.

– Não, não, obrigada.

– Sim, acho que sei. Vira já aqui à direita durante cinco quilómetros e depois vira à esquerda. É um caminho numa quina. Acho que não é alcatroado.

– Não faz mal, temos um Jeep.

– OK, então vão a direito. Não me lembro por quanto tempo mas viram para sul e encontram umas ruínas.

– É no lado sul? – disse Ed, o seu coração dando um salto. Ainda se podia salvar.

– Sim, se for essa a Boa Vista que procuram.

– Obrigado – disse Ed, puxando das chaves do bolso. Mal podia esperar para sair dali.– Vamos tentar encontrar.

– Obrigada – disse Charlotte.

– A propósito, conhecem um inglês chamado Robert? – perguntou Ed, lembrando-se que ele vivia na serra.

– Robert e Rebecca? – respondeu a bruxa. – Sim, um casal jovem, vivem a cerca de sete quilómetros daqui.

– Está tudo bem com ele?

– Acho que sim. Não os vemos muitas vezes. Ocasionalmente o Robert vem cá e apanha uma piela, à parte disso, eles ficam-se por casa.

– Nós conhecemo-lo em Portimão quando já estava quentinho. Parecia um fulano simpático mas depois tornou-se abusivo.

– Tentou magoar uma amiga minha – disse Charlotte.

– Sim, os adictos são pessoas encantadoras, mas não se conseguem controlar.

– Bem, é melhor irmos andando. Obrigado mais uma vez pela vossa ajuda.

– Passem por cá sempre que quiserem.

Ed colocou o braço em volta de Charlotte, conduzindo-a até à porta e pelo caminho acima através da névoa que agora se agarrava à serra. Ela agarrou-se ao braço dele, a rir.

– O que é que foi aquilo?! – perguntou ela.

– Um raio de uma comunidade hippie – respondeu ele, assim que se afastaram o suficiente para não serem ouvidos. A bruxa podia lançar um feitiço.

– Oh, eles foram muito simpáticos.

Ed grunhiu enquanto abria a porta a Charlotte, contornando depois o carro para o lugar do condutor. Ele não confiava em hippies.

– As boas notícias são estas casas serem no lado sul e poderem valer uma fortuna.

Foi pelo sítio por onde tinham vindo e encontrou a estrada à esquerda na neblina cinzenta. Era íngreme mas o Mostarda subiu sem dificuldades, serpenteando por ali acima às voltas na serra por um caminho de terra.

– Não há estrada – disse Charlotte.– Acho que os teus clientes não vão gostar disso.

– As estradas podem ser feitas. Olha para aquelas ruínas. Acho que é aqui.

– Olha para os terraços de pedra. É lindo.

Saíram do Jeep e olharam em volta. Havia realmente três ruínas, feitas de pedra, duas viradas para sul e duas para oeste. Os telhados já não existiam mas as paredes ainda estavam intactas. Ed caminhou pelas silvas entusiasmado. Estas eram as melhores ruínas que alguma vez tinha visto.

Enquanto ali estavam, por momentos o vento de sudoeste soprou as nuvens para longe, permitindo ver tanto Portimão lá em baixo, como a costa oeste.

– Isto é fixe – disse Charlotte.

– Certamente que é.

– Podemos ter aqui uma casa?

– Claro, borracho, podemos ter aquilo que quisermos.

Voltaram para o café, para falar com o homem de bigode outra vez, que finalmente se apresentou como Manuel. Ed ofereceu-lhe setenta mil euros em dinheiro em troca de uma venda rápida. Manuel pareceu hesitante, tremelicou o bigode, abanou a cabeça e disse cem mil euros mais uma vez. Charlotte sorriu com um sorriso doce. Ed subiu até aos oitenta mil e Manuel disse que ia pensar. Trocaram números de telefone e Ed disse-lhe que o seu advogado iria entrar em contacto com ele.

– Peixe com batatas fritas? – perguntou a Charlotte enquanto subiam de novo para o Mostarda. Ele estava a sentir-se com fome depois de toda aquela negociação e sabia que peixe e batatas fritas era o prato favorito dela.

– Hm – disse ela. – No entanto não tenho muito tempo.

Ele foi a conduzir para Portimão pensativo. Mesmo que a venda fosse para a frente ele sabia que o escritório iria querê-lo de volta. Se eles o despedissem teria que voltar para Londres de qualquer maneira. Era o único sítio onde podia fazer dinheiro.

– Como é que te sentes em relação a viver outra vez no Reino Unido? – perguntou a Charlotte enquanto viravam na rotunda de Alvor.

– Sim, um dia. Tenho saudades da minha família.

Ed sorriu para si próprio. Tinha quase certeza que ela viria com ele.

O restaurante do peixe com batatas fritas estava fechado, por isso foram comer uma pizza ao restaurante italiano ali perto.

– Sabes uma coisa? – disse Charlotte, cortando a pizza de chouriço e ananás com a faca afiada e redonda

– O quê? – sorriu Ed.

Ela tinha gostos estranhos. Devia ter a ver com o sítio de onde ela vinha: Market Harborough.

– Não me apetece fazer o espectáculo de hoje à noite.

Ed não disse nada durante alguns segundos. Esta era a primeira vez que ela dizia isso. Normalmente estava sempre desejando ir para o casino, mas noite após noite a fazer a mesma coisa devia ser cansativo.

– Bom, então não vás – disse ele. – Não tens que ir. Tem-lo feito durante seis meses. Sabes que eu olho por ti.

Ela sorriu.

– Claro que tenho que ir. Tenho um contracto e os meus amigos estão à minha espera.

Depois de a ter deixado no casino, Ed telefonou ao James e falou-lhe sobre o negócio. James não ficou impressionado e disse que falavam melhor na segunda-feira. Ed tentou escapar-se mas James foi peremptório e disse que ele tinha que lá estar às duas da tarde de segunda-feira (e ficar lá). Já estava agendado que ele tinha que ir a Praga na próxima semana para estar com uns clientes complicados.

– Tenho que voltar para o meu trabalho em Londres na segunda-feira – disse a Charlotte depois do trabalho. Estavam sentados no bar favorito na marina.

– Para a reunião? Eles não ficaram contentes com as casas que encontrámos?

– Acho que sim mas ainda assim tenho que ir a esta reunião e eles têm mais trabalho para mim.

– Então e quando é que voltas?

– Talvez no fim-de-semana – disse tentativamente. Talvez ele pudesse apanhar um voo de Praga para Faro. – Mas vou ter que voltar outra vez. Eles estão a ameaçar despedir-me se eu não for e, Charlotte, nós precisamos do dinheiro.

– Merda. – Ela parecia chocada. – Mas onde é que isso nos deixa? Prometeste que não me deixavas. Ainda me faltam seis meses.

Uma nuvem passou-lhe pela cara, escurecendo os seus olhos azuis.

– Vens comigo?

– Não, Ed. Não estou preparada para deixar o meu trabalho e os meus amigos. – Fez uma pausa. – Tu prometeste.

– Vou arranjar uma solução – disse Ed. – Não te preocupes.

Beberam a caipirinha num silêncio ensurdecedor enquanto a chuva caía com força lá fora.

Na segunda-feira de manhã, Ed, com um fato cinzento vestido, conduziu até ao aeroporto debaixo de chuva. Charlotte estava furiosa com ele por ele a deixar e recusou-se a falar com ele nessa manhã. Ele tinha prometido que voltava no fim-de-semana e todos os fins-de-semana. Não fazia ideia como é que ia pagar pelos voos semanais e pelo apartamento, mas arranjava maneira. Charlotte merecia o melhor e ele estava determinado a dar-lhe tudo o que podia.

A auto-estrada tinha avisos sobre os riscos de acidentes devido à chuva. Ele não lhes prestou muita atenção. O Mostarda tinha uma boa tracção e de qualquer maneira não gostava muito de ir a mais de 120km hora.

As estradas tinham pouco movimento como sempre. Nem queria pensar no trânsito de Londres. Raios, só de pensar nas conversas de treta nas reuniões sobre oportunidades de investimento, bolsa e acções, critérios da companhia, futuro e opções, ficava com vontade de bocejar. Mas ele era bom nisso e era por isso que tinha este emprego. Quando era adolescente e trabalhava na Burton ao Sábado, a mãe costumava dizer que ele conseguia convencer um peixe a comprar um fato de mergulho. Depois tirou um curso de Literatura Inglesa e um MBA e descobriu que conseguia convencer facilmente alguém a largar milhões de dólares para uma companhia que só existia em nome. Tinha tudo a ver com confiança. Todo o mundo, toda a economia capitalista, estava assente na confiança. Quem é que dava um valor absoluto a coisas que só poderiam ter um valor subjectivo? Pessoas como ele. Na maioria das vezes o dinheiro não existia, mas a fé de que existia era o que mantinha os mercados financeiros em pé.

Saiu da auto-estrada quando apareceu o sinal indicando o aeroporto de Faro, mais cedo do que esperava. Tinha a sensação de que havia passado imenso tempo desde que tinha chegado ao Algarve. Recordou-se que tinha dado boleia a duas raparigas britânicas até à Praia da Luz, Zoe e uma idealista da ala esquerda, professoras a trabalhar como o caneco, por umas poucas mil libras por ano. Era de doidos, mas alguém tinha que fazer esse trabalho. Tinha-se feito luz na Praia da Luz para Zoe e ela tinha-lhe ligado no mês passado a dizer que estava de volta e prestes a começar a trabalhar na Escola Internacional. Recordava-se de gostar de Zoe, mas não pôde falar muito porque Charlotte estava com ele. Não quis dar razões a Charlotte para suspeitas por isso não se tinha mantido em contacto, mas estava satisfeito por Zoe ter seguido o seu sonho. A vida era curta demais para não o fazer.

Ed aproximou-se dos semáforos e olhou para as oficinas e restaurantes. "Frango com piri-piri, Churrasqueira, Pneus, Super Bock, Delta Café". Numa ponte que atravessava a estrada estava escrito a vermelho "Fora Capitalistas!" Recordava-se de ver as mesmas palavras no outro lado da estrada e de Zoe perguntar o que "Fora" queria dizer. Ele agora já sabia. Tarde demais, pensou. As letras já estavam desbotadas. Esse tipo de ideologia pertencia ao Portugal antes do 25 de Abril de 1974.

Estacionou o Mostarda no parque de estacionamento e fez a bagagem rolar atrás de si, carregando também a sua pasta. Estava adiantado. Podia fazer o check-in e beber um café.

Pegou num jornal e passou as folhas enquanto estava sentado a beber uma bica. A história da criança desaparecida estava outra vez em destaque. Os pais, agora suspeitos, estavam em Inglaterra (uma ideia esperta). Como raio é que se tinham tornado suspeitos? Não fazia sentido. Imagine-se matarem a própria filha e depois lançar a maior campanha de televisiva da história para encontrar o assassino! Tinha que se ser muito parvo. Ou muito espertos! Mas não, isso era ridículo.

Passou os olhos por outras notícias do Algarve e uma fotografia familiar chamou-lhe a atenção. Percorreu os olhos pelo nome em baixo. Robert Leicester. O seu coração deu um pulo. Era ele. O mesmo Robert que tinha conhecido em Portimão e com quem tinha ido ao casino. O mesmo Robert por quem tinha perguntado na casa dos hippies. Ao lado da fotografia estava escrito em letras grandes: **JOVEM BRITÂNICO MORTO EM ACIDENTE NA 125.** Ed ficou a olhar para as palavras. Merda. Ele não conseguia controlar a bebida mas era um bom homem. Correu os olhos pela notícia. Não dizia nada sobre bebida. Um camião tinha feito uma ultrapassagem e embatido contra ele. A visibilidade era má e as estradas estavam escorregadias. O carro dele tinha capotado e aterrado num campo. Raios. Pobre Robert. Pobre namorada.

Ed ficou ali sentado, com a página aberta durante o que pareceram horas. Sentiu uma grande tristeza que não parecia ser justificada, uma vez que mal o conhecia. Talvez fosse porque, no fundo, estavam todos ligados. A consciência individual separava as pessoas mas em certos momentos, quando unidos por uma tragédia, as barreiras da consciência erguiam-se e as pessoas reagiam como se fossem uma só. Supunha que era empatia. Era por isso que toda a América se tinha unido por causa do 11 de Setembro e seria também essa a razão pela qual a Europa se tinha reunido em volta do caso da criança desaparecida. Nesses momentos, toda a gente sentia que podiam ter sido eles naquele edifício, ou a terem os filhos raptados de um apartamento, ou num carro acidentado. Pobre Robert. Ed recordou-se de ler um ensinamento de Budismo Zen que dizia que a vida era tão efémera como uma gota de orvalho numa pétala da flor de lótus. Era verdade. Agora estamos aqui. Mais logo pudemos não estar. Decidiu naquele momento que iria à estúpida da reunião mas que voltaria no próximo dia. A vida era realmente curta demais.

Ed dobrou o jornal e deixou-o em cima da mesa. Colocou-se na fila para passar pelo controlo do passaporte e teve que entregar o *aftershave* que tinha na sua pasta. Não se importava. Era melhor do que ser uma gota de orvalho numa pétala da flor do lótus num dia quente. Comprou algum vinho do Porto para calar os colegas e depois sentou-se na porta de embarque. Enviou uma mensagem a Charlotte: *Estou no aeroporto. Tenho saudades tuas. Viste a notícia do Robert?*

Esperou durante dez minutos mas ela não respondeu. Provavelmente estaria a dormir. Estava na fila à espera para passar pelas portas em direcção à chuva torrencial e ao autocarro quando o telefone deu sinal de mensagem.

Marca-me um voo para amanhã. Quero estar contigo.

Ed ficou espantado a olhar para a mensagem. Depois deu consigo a dar murros no ar com o punho à medida que se esquecia de Robert e da efemeridade da vida e se banhava na felicidade que aquelas poucas palavras lhe tinham dado. Era por isso que amava Charlotte. Não era complicada, seguia o coração e não tinha medo de seguir em frente. Entrou no autocarro e de seguida para o avião, um homem feliz. Podia vender fatos de mergulho aos peixes. Faria montes de dinheiro e iria construir uma vivenda espectacular para ela. Iria chamar-lhe Casa Fora. Longe do mundo.

Agradecimentos

Um agradecimento especial a Janice Russell pelo seu apoio inestimável e pelo aconselhamento editorial. Agradeço também a Willy Russell pelo seu encorajamento e Sebastian Castagna, Conceição Gomes e Lúcia Manilhas pelas sugestões e ajuda com os textos e imagens.

Este é um trabalho de ficção mas, como em qualquer trabalho de ficção, foram muitas as situações da vida real, anedotas e pessoas que o inspiraram. Há muitos agradecimentos nesta área mas fica um reconhecimento especial a Tony Lloyd, Phil Hine, Mario Brandão, Lars e Gemma Steffensen, aos meus vizinhos Dona Maria e família, e a todos na Casa Pedra.

www.ingramcontent.com/pod-product-compliance
Lightning Source LLC
Chambersburg PA
CBHW031846090426
42741CB00005B/369